Sabores de Portugal
Un Viaje Culinario

Ana Silva

Indice

1 SOPA VERDE DE GRANJA 13
2 SOPA DE KALE Y CHOURIÇO 16
3 BOMBAS DE MANTALLA Y SOPA DE ESPINACOS 18
4 BUSQUETA DE VEGETALES DE GAMBAS 20
5 MARISCO PORTUGAS 23
6 SOPA DE VERDURAS DE COL SAVOYA 26
7 LA SOPA DE VERDURAS DE LAS MONTAS VERDES 28
8 SOPA DE FUEVAS BLANCAS 30
9 SOPA CASERA DE POLLO DE LA CARMELINA 32
10 SOPA DE COL DE CIGROS 35
11 GAMBA PICANDO AL ESTILO PORTUGUOS 38
12 CROQUETAS DE BACADILLÓN Y PATATE 40
13 EMPANADAS DE GAMBAS 44
14 PINZA PETITE EN BULHÃO PATO 50
15 PASTELES DE BACADILLÓN 52
16 BOSCAS DE CARNE DE FOZADA 55
17 CROQUETAS DE CARNE SALADA 57
18 PLATO FRÍO ESTILO PORTUGUÉS 59
19 BRUSCHETTA ESTILO PORTUGO 61
20 PANCHETAS DE CERDO EN LA GRILLA 63

21 POLLO DE CERDO AL ESTILO MINHO ... 65
22 PLATO DE QUESOS AL ESTILO PORTUGUOS ... 67
23 MONTA ROJA Y CHILE CHOURIÇO ... 69
24 CHOURIO A LA BRILLA ... 71
25 SARDINAS A LA GRILLA CON CEBOLLA Y PIMIENTA ... 73
26 ENSALADA DE POP AJO ... 76
27 ENSALADA DE CIGROS Y HUEVO ... 78
28 HUEVOS DEVIDATADOS ... 80
29 ENSALADA DE ATÚN ESTILO PORTUGAS ... 82
30 PAN CHOURIÇO Y JAMÓN ESTILO CHAVES ... 85
31 PAN DULCE PORTUGUOS ... 89
32 PAN DE BLAZA ARTESANA ... 92
33 ROLLOS PORTUGUSOS ... 95
34 PAN DE CHOURIÇO ... 97
35 PAN CASEROSA ... 99
36 PAN PLAN DE ROMÍ ALL ... 101
37 ARROZ PORTUGAS ... 105
38 ARROZ RABE DE Brócoli ... 107
39 ARS ESTILO PORTUGAS DE MONTEA VERDE ... 109
40 ARROZ DE GASCAR ... 111
41 ARROZ CON TOMATE ... 113
42 PATATAS A ESTILO PORTUGUÉS ... 115
43 PATATAS ARRESTIDAS PUNTADAS ... 117
44 TORTILLA DE PATATAS CON PRESUNTO ... 119

45 ENSALADA DE PATATA A ESTILO PORTUGUOS 121

46 HUEVO DE TOMATE Y ENSALADA DE PATATA 123

47 Tejido portugués de crustáceos 125

48 GAMBILLAS HERCIDAS EN EL HORNO EN EL ESTILO PORTUGO 127

49 GAMBILLAS CON ARROZ CON MORDIDOS 131

50 ARROZ DE MARISCO 133

51 CALLAS CON CHOURIÇO 135

52 ESTILO COD Á GOMAS DE SA 137

53 Bacalao con garbanzos 140

54 ESTILO BRAZ COD 142

55 Bacalao al horno CON PATATAS Y CEBOLLA 144

56 ESTILO COD Á ZÉ DO PIPO 146

57 BOOSTER ESTILO ESPAÑOL 148

58 FILETES DE PESCADO FRITOS EN LA PAella 150

59 CALAMARES COCIDOS 152

60 CALAMARES EN EL AJO 154

61 Tejido de marisco portugués 156

62 ARROZ DE POP 158

63 PULPO AL HORNO CON PATATAS 160

64 CONEJO MODADO CON ARROZ 162

65 VERANO CAZADOR DE CONEJO 164

66 POLLO AL PIMIENTA ROST 166

67 POLLO EN EL ROMERO CON LIMÓN Y PIBRENZÓN 168

- 68 POLLO A LA PARRILLA ... 170
- 69 POLLATRO PIRIO PIRIO EN EL HORNO ... 173
- 70 POLLO A LA PORTUGUEZ CON ARROZ ... 175
- 71 TURQUÍA ROSA EN EL ESTILO PORTUGUOS ... 177
- 72 CERDO MODERADO Y CLIZAS ESTILO ALENTEJANA .. 180
- 73 LOMO DE CERDO RELLENO DE PRESUNTO ... 183
- 74 TIRAS DE CERDO A LA GRILLA CON CEBOLLA Y PIMIENTA ... 186
- 75 LOMO DE CERDO FRITO CON CEBOLLA Y AJO ... 189
- 76 CERDO ESTILO TRASMONTANA GUISADO DE FEBITOS ... 191
- 77 VIAJE Y PARADA DE HABA BLANCA ... 194
- 78 CERDO COCIDO CON PATATAS ... 197
- 79 FROTGE SECO DE CERDO PORTUGUÉS ... 199
- 80 ESPALLETA DE CERDO ASORT CON PATATAS ARRESTIDAS ... 201
- 81 BIS Y HUEVOS EN EL ESTILO PORTUGO ... 203
- 82 BROCHETES DE CARNE DE VEDA PICANTES DE KABOB ... 205
- 83 TORTILLA DE CHOURICO ... 207
- 84 TARTAS DE NATILLA PORTUGUESA ... 210
- 85 COLA DE ESPONJA PORTUGUESA ... 214
- 86 ARROZ DULCE DE LIMÓN ... 216
- 87 ÁNGEL SU POSTRES DE PASTA ... 218
- 88 MASA FRIDA CON AZÚCAR Y CANELA ... 220

La comida ha sido siempre una parte central de la organización de tertulias de la cultura portuguesa, creando un ambiente acogedor que hace que incluso un desconocido se sienta como familia. Muchos de nosotros tenemos un buen recuerdo de estos momentos y de los platos portugueses compartidos por nuestra familia y amigos.

Crecí en una gran familia amorosa de inmigrantes portugueses que vivían en América, donde la comida, la cultura y la tradición portuguesa tuvieron un papel importante en nuestra vida cotidiana, en cada celebración familiar y en vacaciones. A lo largo de los años he mantenido vivas estas tradiciones preparando recetas clásicas para mi propia familia y amigos que se transmitieron por mis antepasados.

Guardo los recuerdos de esos platos que me inspiraron para crear el Blog de la Tía María. Con la ayuda y el ánimo de mi hija Lisa, empezamos nuestro trabajo de amor compartiendo nuestras recetas. El nombre del sitio, "El blog de la Tía María", que significa "El blog de la tía María", se inspiró en que tengo más de 30 primos que se refieren a mí como "Tía María". La mayoría de familias portuguesas también tienen su propia "Tía María", lo que hace que el nombre sea muy familiar y memorable en nuestra cultura.

Muchas personas con una vida portuguesa digna en países de todo el mundo se han puesto en contacto conmigo para pedir ayuda para encontrar recetas perdidas que sus familiares no les olvidaron o nunca les transmitieron. Ha sido una experiencia muy gratificante encontrar muchas de estas recetas perdidas y el proceso ha sido una auténtica inspiración para mí para escribir este libro de cocina.

Lo que empezó como simplemente compartir recetas en mi blog ahora se ha convertido en un compromiso de preservar la rica cultura alimentaria portuguesa, promocionar la cocina del país e inspirar a la gente a aprender a cocinar estas recetas para que las puedan transmitir a la siguiente generación.

Las recetas de este libro de cocina son fáciles de preparar para el cocinero de su casa cotidiano, están hechas con ingredientes sencillos y requieren un equipamiento básico que la mayoría de los cocineros caseros tienen en su cocina. Ven, deja que Lisa y yo le mostramos cómo cocinar 101 recetas portuguesas fáciles para que podáis probar Portugal y crear recuerdos familiares especiales.

1SOPA VERDE DE GRANJA

Caldo Verde

Empezamos la primera receta con la clásica sopa reconfortante Caldo Verde, la sopa más querida y popular de la cocina portuguesa, que proviene de las exuberantes tierras verdes de la región norte de Minho de Portugal, donde nací.

La sopa está elaborada con ingredientes básicos de puré de patata y cebolla, col rizada, aceite de oliva rico y enriquecido con la butifarra de chouriço con sabor a pimentón ahumado. Aparece en la mayoría de los menús de los restaurantes portugueses y se sirve en bodas y eventos especiales. Las manos fuertes de mi madre me enseñaron a chiffonar la kale en tiras pequeñas y añadirla a la sopa durante los últimos 5 minutos de cocción para que mantuviera su hermoso color verde.

Raciones: 8-10

10 patata roja o una patata sin almidón

6 tazas de caldo de pollo o verduras

6 tazas de agua

2 cebollas grandes

2 dientes de ajo

- 1 hoja de laurel grande
- ¼ taza de aceite de oliva o más al gusto
- 1 cucharada de sal
- ½ cucharadita de pimienta
- 1 chouriço medio entero (enjuague)
- 6 tazas de kale lavada (chiffonade muy delgada)

Preparación

Coloque el agua, el caldo, las patatas, la cebolla, el ajo, el aceite de oliva y el laurel en una cazuela grande. Cocine a fuego fuerte durante 20 a 30 minutos hasta que las patatas estén completamente cocidas.

Retirar del fuego y sacar la hoja de laurel. Triture la sopa con una batidora de palo hasta obtener una consistencia cremosa.

Lavar el chouriço y pincharlo con un tenedor y añadirlo a la sopa. Cocer unos 10 minutos. Retire el chouriço y córtelo en rodajas de ¼ de pulgada para utilizarlos como guarnición más tarde.

Añada el kale a la sopa y cocine entre 5 y 8 minutos antes de servir.

Si lo desea, cocine más tiempo a su gusto.

Cuando esté listo para servir la sopa, ponga 3 rebanadas del chouriço reservado en cada cuenco para decorar. Agregue un chorro de aceite de oliva a la sopa y pimienta negra recientemente molida al gusto.

Observación:

Puede cocinar el chouriço en una olla aparte con agua hirviendo si no desea una sopa ahumada.

Mi receta es para una olla grande de sopa que se conservará unos días en la nevera.

Si al día siguiente observa que se ha espesado, basta con añadir un poco de agua hirviendo para hacer un caldo más delgado.

2SOPA DE KALE Y CHOURIÇO

Sopa de Couve como Chouriço

La sopa de col rizada es muy popular en nuestra cocina, pero a menudo se confunde con la sopa de Caldo Verde. Esta receta es una versión de las Azores que utiliza patatas gruesas y kale picada en lugar de puré de patatas. Esta sopa tiene butifarra de chouriço en rodajas, patatas gruesas, tomates maduros triturados y col rizada picada.

Existen muchas variaciones de esta receta. Algunos cocineros añaden judías rojas, blancas, garbanzos o incluso pasta. Si prefiere un caldo más grueso, deje cocer la sopa a fuego lento durante al menos una hora para que las verduras se disuelvan y cree una sopa más espesa. Servicios 6-8

3 patatas (peladas y cortadas en dados de 1 pulgada)

4 tazas de caldo de pollo

2 tazas de agua o más

De 3 a 4 tazas de col (picada)

2 cucharadas de aceite de oliva

1 cebolla grande (picada)

2 dientes de ajo (picados)

1 hoja de laurel

1 lata (32 oz) de judías rojas

1 cucharadita de sal

½ cucharadita de pimienta

Aceite de oliva para adornar

1 16 onzas. bote de tomate cortado en dados

1 butifarra de chouriço o linguica media (cortada en rodajas de ¼ de pulgada de grosor)

Preparación

En una cazuela grande, sofreír las cebollas y lo chourizo en el aceite de oliva durante unos minutos hasta que la cebolla esté translúcida.

Agregar el caldo, el agua, las patatas, el ajo, el laurel y el repollo. Cocer unos 5 minutos.

Agregar las judías, los tomates y dejar hervir.

Cubra, reduzca el fuego abajo y continúe cocinando hasta que las patatas estén tiernas, entre 15 y 20 minutos más.

Servir con un chorro de aceite de oliva por encima.

Observación:

Puede sustituir las judías por judías blancas o garbanzos si lo prefiere.

Si lo prefiere, añada más agua hirviendo para diluir el caldo.

Cocine más tiempo si prefiere un caldo más espeso.

3BOMBAS DE MANTALLA Y SOPA DE ESPINACOS

Sopa de Abóbora y Espinafres

Esta sopa saludable tiene una base de calabaza butternut y puré de zanahoria que hace un caldo rico y sabroso. Puede sustituir las espinacas por cualquier col de hoja verde, pero cocine las verduras más tiempo a su gusto deseado. Servicios 6-8

2 tazas de calabaza butternut (picada)

2 zanahorias grandes (picadas)

8 tazas de agua

1 cebolla grande

1 cebolleta (opcional)

¼ taza de aceite de oliva

1 cucharadita de sal

¼ cucharadita de pimienta

2 dados de caldo de pollo

1 cucharadita de mantequilla

1 cebolleta

2 tazas de espinacas infantiles

Preparación

Cocine todos los ingredientes con el agua excepto las espinacas y la mantequilla en una olla media hasta que las verduras estén tiernas.

Retire la cazuela del fuego y añada la mantequilla.

Triture las verduras con una batidora de mano hasta que queden suaves y cremosas.

Devolver la sopa al fuego a fuego lento y dejar cocer a fuego lento durante unos 5 minutos.

Lavar las espinacas y añadirlas a la sopa.

Cocine las espinacas durante sólo 5 minutos o más según su gusto.

Sirva con pimienta negra molida si lo desea.

4BUSQUETA DE VEGETALES DE GAMBAS

Caldo de Camarao

La sopa de este amante de las gambas está rellena de hierbas sabrosas y especiadas con sabor a gambas. El caldo se elabora con gambas enteras, incluyendo cabezas y caparazones, resaltando el rico sabor de las gambas.

Esta receta la aprendí hace muchos años de un chef portugués llamado José cuando trabajaba en el restaurante portugués de mi hermano. Era un gran cocinero, pero muy temperamental en la cocina. Sus cambios de humor eran evidentes en los fuertes ecos que emanaban de las ollas y sartenes que a menudo se lanzaban a la cocina. Servicios 8-10

2 libras de gambas crudas (30 a 40) por libra (si está disponible)

1 cebolla grande (picada)

1 diente de ajo grande

4 zanahorias grandes (peladas y cortadas)

2 uvas de apio (pelado y picado)

8 tazas de agua

2 cucharadas de aceite de oliva

2 dados de caldo de gambas

2 cucharadas de mantequilla

1 cucharadita de pimentón en polvo

1 o 2 cucharaditas de sal (según su gusto)

1 cucharadita de pimienta blanca

1 a 2 cucharaditas de piri piri o salsa tabasco

½ taza de Vinho Verde o vino blanco

½ taza de nata (opcional)

3 rollos portugueses para hacer costras

Halcones de limón para adornar

Perejil o cilantro picado para adornar

Preparación

Pele y desvenda las gambas, reservando los caparazones y las cabezas. Enjuague las cáscaras y reserva la carne de gambas.

En una cazuela grande, añadir las 8 tazas de agua, las cáscaras y las cabezas de gambas, la mitad de la cebolla, el ajo, el apio, las zanahorias, la sal y la pimienta y dejar cocer durante 20 minutos.

Colar el caldo y descartar las cáscaras. Vuelva las zanahorias, la cebolla y el apio al caldo. Busque trozos pequeños de cáscara y quítalos.

Triture la sopa con una batidora manual hasta que la sopa tenga una base cremosa. Colar la sopa por un colador fino para agarrar cualquier caparazón o hilo de verduras. Vuelva la sopa al fuego a fuego lento.

Mientras, en una sartén media, sofreír la cebolla restante con el aceite de oliva y la mantequilla hasta que esté translúcida.

Agregar las gambas, el caldo, el vino, el pimiento y el piri piri. Cocer unos minutos hasta que las gambas estén rosadas. Retirar la mitad de las gambas cocidas y reservar.

Agregue el resto de gambas y la salsa de cebolla a la olla y triture hasta obtener una consistencia cremosa. Cocine la sopa a fuego lento durante 10 minutos.

Cortar a la mitad las gambas cocidas reservadas y añadirlas a la sopa. Cocer a fuego lento durante 5 minutos.

Pruebe la sopa y añada más sal y pimienta blanca al gusto.

Haga los costrones:

Cortar los rollos portugueses en rodajas pequeñas de ¼ de pulgada. Pintar con mantequilla y ajos y tostarlos en el horno o en una tostadora hasta que estén dorados. Reservar para adornar.

Servir la sopa:

Cuando esté listo para servir, ponlo en cuencos con unos trozos de mitades de gambas y una rebanada de crostones portugueses tostados en el centro.

Añada el cilantro o el perejil como guarnición si lo desea. Si lo desea, presione un poco de limón en la sopa.

Observación:

Si te gusta una sopa más cremosa, sólo tienes que añadir algo de nata montada.

Guarde siempre sus cáscaras de gambas sobrantes de sus recetas para hacer caldo de gambas. Aclarar las almejas, secar y poner en bolsas de congelador

5 MARISCO PORTUGAS

Sopa de Marisco

Conocida por los romanos como Lusitania, Portugal era muy apreciada por su marisco cosechado a lo largo de la costa y después enviado a Roma. Hoy en día, la población portuguesa se encuentra entre los mayores consumidores de pez per cápita del mundo. Esta sopa presenta los sabores del mar cosechado por el pescador mezclados con especias picantes para crear un caldo suculento. Servir con baguette para sumergirlo en la sopa.
Servicios 8-10

1 cebolla grande (cortada en dados)

¼ taza de aceite de oliva

1 libra de patatas (peladas y cortadas en dados de 2 pulgadas)

1 libra de gambas (con caparazón)

8 conchas pequeñas de cuello

1 libra de vieiras

1 langosta fresca cortada en trozos

1 libra de calamares limpios (picados)

1 tomate pequeño (cortado en dados)

1 cucharada de pasta de tomate

1 pimiento pequeño (cortado en dados)

4 tazas de caldo de pescado o zumo de almejas

2 tazas de agua

½ taza de vino blanco

1 hoja de laurel

1 cucharadita de pimentón en polvo

¼ taza de tomates triturados

¼ cucharadita de pimentón

Sal y pimienta al gusto

Cilantro o perejil picado (decoración)

¼ cucharadita de pimentón molido (opcional)

Preparación

En una sartén grande, sofreír la cebolla con el aceite de oliva hasta que quede transparente.

Agregar el bogavante, los tomates, los pimientos, el laurel y el vino y dejar cocer unos minutos hasta que esté ligeramente dorado.

Agregue las patatas, el vino, el agua, el caldo, el pimentón, la pasta de tomate y las especias y deje cocer a fuego medio durante unos 15 minutos.

Agregar las almejas, las gambas, los mejillones y los calamares y dejar cocer hasta que se abran todas las almejas y los mejillones, lo que debería tardar unos 10 a 15 minutos.

Añada copos de pimentón triturado si lo desea. Decore con cilantro o perejil.

Servir con baguette

6 SOPA DE VERDURAS DE COL SAVOYA

Sopa Juliana

El repollo es un elemento básico de la cocina portuguesa ya menudo se sirve en sopas o como guarnición con un chorro de aceite de oliva y vinagre. Esta sencilla sopa es fácil de hacer y muy versátil ya que puedes utilizar cualquier tipo de caldo, como pollo, ternera o verdura. Para obtener una sopa más carnosa, cocina un jamón o hueso de ternera junto con las verduras durante al menos una hora. Servicios 8-10

4 tazas de col Savoy o normal cortada en tiras de 1 pulgada (2,5 cm).

2 patatas grandes

4 zanahorias

4 tazas de agua

4 tazas de caldo de ternera, pollo o verduras

½ taza de arroz o pasta

1 cebolla grande

1 diente de ajo

3 cucharadas de aceite de oliva

1 cucharadita de sal

1 cucharadita de pimienta

Copos de pimentón triturado (opcional)

Preparación

Coloque el agua y el caldo, las zanahorias, las patatas, las cebollas, el ajo, la sal y 1 taza de col en una olla grande. Llevar a ebullición y cocer a fuego medio durante 30 minutos. (Cuece al horno durante al menos 1 hora si añade un hueso de sopa.)

Cuando las verduras estén cocidas, triture la sopa con una batidora manual hasta la consistencia deseada.

Agregar el repollo, el arroz o la pasta restantes y el aceite de oliva y dejar cocer a fuego lento durante 20 minutos más. Antes de servir, añadir pimiento reciente molido y pimiento rojo triturado, si lo desea.

Verter un poco de aceite de oliva en el cuenco antes de servir

Observación:

Puede añadir más agua si observa que la sopa se ha espesado al volver a calentar.

7 LA SOPA DE VERDURAS DE LAS MONTAS VERDES

Sopa de Feijão Verde

Las judías verdes llanuras portuguesas de herencia hacen esta sopa abundante. Muchas familias de la comunidad portuguesa cultivan estas judías en su huerto y almacenan las semillas de judías secas para plantarlas la temporada siguiente. Si no tiene estas judías verdes en casa, puede sustituirlas por judías verdes planas italianas de la isla de verduras congeladas de su supermercado. Una vez pruebe estas judías verdes, nunca querrá volver a las judías verdes estándar en sus recetas. Raciones: 8-10

1 cebolla grande (picada)

3 zanahorias grandes (picadas)

1 tallo de apio

1 diente de ajo grande

3 cucharadas de aceite de oliva

1 hoja de laurel grande

1 lata de judías blancas del norte

2 tazas de judías verdes planas frescas o 1 (caja de 9 oz de judías verdes congeladas italianas)

6 tazas de agua

2 tazas de caldo de pollo (o de verduras si lo prefieres)

1 cucharada de sal

1 cucharadita de pimienta

2 cucharaditas de salsa de tomate o (1) tomate maduro pequeño

2 tazas de pasta pequeña

Preparación

En una olla grande, sofreír las cebollas y las zanahorias en aceite de oliva hasta que estén translúcidos. Agregue el caldo de pollo, el ajo, el agua, el laurel, el tomate y las especias.

Llevar a ebullición y cocer a fuego medio hasta que las verduras estén tiernas. Retire la sartén del fuego. Retirar la hoja de laurel y añadir ½ lata de judías blancas.

Triture la sopa con una batidora de palo hasta la consistencia deseada. Vuelva la sopa a la estufa a fuego medio. Cuando vuelva a hervir, añadir la pasta, las judías verdes y el resto de las judías blancas.

Cubrir y dejar cocer a fuego medio durante unos 15 o 20 minutos hasta que la pasta esté cocida.

Observación:

Puede sustituir la salsa de tomate por un pequeño tomate maduro. También puede sustituir cualquier tipo de judías verdes.

8SOPA DE FUEVAS BLANCAS

Sopa de Feijao Branco

En los platos portugueses se utilizan muchos tipos de frijoles ya menudo se utilizan como ingrediente principal en muchas sopas y guisos. Esta sopa utiliza judías blancas y verduras cocidas en un caldo de carne sabroso. Puede sustituir las judías blancas por judías rojas o garbanzos por otra variación de esta receta. Sirve de 8 a 10

8 a 10 tazas de agua

1 hueso de jamón o de ternera (opcional)

1 cebolla grande (picada)

1 zanahoria grande (picada)

1 patata grande (cortada en dados)

2 dientes de ajo

1 hoja de laurel

1 cucharada de sal

1 cucharadita de pimienta negra

¼ taza de aceite de oliva

Macarrones de codo de 4 o 6 onzas

1 16 onzas. lata de judías blancas del norte

2 tazas de col (picada finamente)

Preparación

Coloque todos los ingredientes excepto los macarrones, las judías y el repollo en una olla grande. Cocer a fuego medio durante aproximadamente 1 hora. Retirar del fuego, sacar la hoja de laurel y el hueso de carne. Triture todos los ingredientes con una batidora manual hasta la consistencia deseada.

Devolver la sopa al fuego y dejar cocer unos 5 minutos y dejar hervir.

Agregue los macarrones, la col y las judías y deje cocer la sopa entre 10 y 15 minutos. Condimentar la sopa con sal y pimienta.

Si lo desea, puede quitar la carne del hueso, cortarla en trozos pequeños y añadirla a la sopa.

Continúe cocinando la sopa hasta que la col esté tierna. Retirar del fuego para que la pasta no se haga demasiado.

Servir con un chorro de aceite de oliva virgen extra y pimienta recién molida.

9 SOPA CASERA DE POLLO DE LA CARMELINA

Canja de Galinha y Carmelina

Mi madre hacía sopa de pollo para nuestra familia por lo menos una vez por semana. Siempre tenía una olla de sopa en los fogones por si un amigo o familiar venía a visitarla. También hago sopa cada semana, pero ésta es la preferida de mi familia. Cuando mis hijos empezaron a comer alimentos normales de bebés, hice esta sopa casi todos los días porque no les gustaba la comida para bebés envasada. Por supuesto, dejé a un lado la cebolla, la sal y la pimienta.

Existen muchas variaciones de recetas para la sopa de pollo en cada cocina portuguesa. Algunos cocineros prefieren utilizar arroz en vez de pasta, mientras que otros utilizan formas pequeñas de pasta o incluso fideos de huevo como almidón. También es habitual añadir una hoja de menta o un chorro de limón para obtener más sabor.

Raciones: 8-10

2 libras de pollo fresco (entero o picado)

12 tazas de agua

1 cebolla grande (picada)

2 dados de caldo de pollo

2 tallos grandes de apio

2 zanahorias grandes

2 dientes de ajo (pelados)

2 ramitas de perejil

1 cucharada de sal

½ cucharadita de pimienta recién molida

1 ½ taza de pasta orzo o arroz blanco

guarnición opcional:

2 cucharaditas de perejil recién picado

½ cucharadita de copos de pimentón triturado

1 hoja de menta

Exprima de limón

Preparación

Poner el agua, la cebolla, 1 tallo de apio, 1 zanahoria, la sal, 2 ramitas de perejil y el ajo en una olla grande. Llevar a ebullición, añadir el pollo y dejar hervir.

Después de 30 minutos de cocción, retire los filetes de pollo de la sartén, retire los huesos y córtelos en trozos pequeños. Reserva más tarde.

Cocine una hora más y retira el pollo y las verduras. Colar la sopa por un colador para eliminar la grasa.

Poner la sopa en el fuego y llevar a ebullición. Agregue el orzo o el arroz y deje cocer a fuego medio durante 10 minutos.

Cortar la zanahoria y el apio restantes en rodajas de un cuarto de pulgada, añadir a la sopa y dejar cocer durante 10 minutos más.

Agregar el pechuga cortado en dados reservado, más sal y pimienta, escamas de perejil y dejar cocer la sopa a fuego lento durante unos minutos.

Añada la guarnición como desee.

10 SOPA DE COL DE CIGROS

Sopa de Grao como Couve

La combinación de col y garbanzos crea una sopa abundante y llena de proteínas y fibra. Los garbanzos los hago puré para obtener un caldo más grueso, pero si prefiere un estilo más grueso, déjelos enteros o sólo la mitad. Esta es una sopa de otoño perfecta cuando las zanahorias y el repollo están a la altura de la temporada de cosecha. Para 6-8 personas

2 zanahorias grandes (picadas)

1 16 onzas. lata de garbanzos cocidos

8 tazas de agua

1 hoja de laurel

1 cebolla grande

1/4 taza de aceite de oliva

1 cucharadita de sal

1/4 cucharadita de pimienta

2 dados de caldo de pollo

1 o 2 tazas de col picada

Preparación

Cocine todos los ingredientes excepto el repollo en una olla media a fuego medio hasta que las verduras estén tiernas.

Retirar la sartén del fuego y triturar la sopa con una batidora de mano hasta que quede homogénea y cremosa.

Devolver la sopa a la estufa a fuego lento y dejar cocer a fuego lento durante unos 5 a 10 minutos.

Pruebe la sopa y añada más agua o especias si es necesario. Añada más agua si observa que la sopa se ha vuelto demasiado espesa. Añada el repollo a la sopa.

Cocer a fuego lento durante 5 minutos y servir.

Decore con pimienta negra recién molida.

11 GAMBA PICANDO AL ESTILO PORTUGUOS

Camarao Piri Piri

Éste es el aperitivo preferido de mi familia. Lo servimos cada vez que hacemos una fiesta o celebración familiar. La salsa de pimentón piri piri y el pimentón ahumado dan a estas gambas a la plancha un buen color y un toque picante. Me gusta este plato porque sólo tarda unos minutos en prepararlo y puedes ajustarlo al gusto de tus invitados simplemente añadiendo más o menos especias.

Asegúrese de tener muchos panecillos portugueses a mano para sumergirlos en la salsa. Una palabra de advertencia, las personas para las que haga esto estarán para siempre en su vida a partir de entonces. Te lo prometo. ¡Es tan bueno! Para 4-6 personas

2 libras de gambas crudas (de 30 a 40 por libra, sin pelar y descongelar)

1 cebolla muy pequeña (picada finamente)

3 cucharadas de aceite de oliva

1 cucharadita de pimentón ahumado en polvo

1 cubo de caldo de pollo

¼ taza de Vinho Verde o vino blanco muy seco

¼ cucharadita de sal

1 cucharada de maicena

2 a 3 cucharaditas de piri piri o (tabasco o una salsa caliente)

½ taza de agua

Preparación

En una sartén grande, sofreír las cebollas en aceite de oliva a fuego medio hasta que estén translúcidos pero no se doren.

Agregar las gambas y dejar cocer 1 minuto hasta que las gambas estén rosadas. Agregar el pimentón, la sal, el dado de caldo, el vino y el sambal. Remover y cocer durante 1 minuto.

Haga una pasta con ¼ a ½ taza de agua y maicena. Mezclar en una taza pequeña hasta que la maicena se disuelva. Remueva las gambas. Cocine hasta que la salsa espese. Pruebe la salsa y añada más sal o salsa caliente al gusto.

Observación:

Esta receta sólo tarda unos minutos en prepararse. Empiece a cocinar justo antes de estar listo para servirlo a sus invitados.

También puede hacerlo con antelación y volver a calentar durante unos minutos. No cocine demasiado las gambas, ya que se pueden devolver gomosas si se cocinan demasiado.

12 CROQUETAS DE BACADILLÓN Y PATATE

Bolinhos de Bacalao/Pasteis de Bacalao

Hay un dicho en Portugal; "Hay 365 recetas de bacalao, una por cada día del año". Estas pequeñas croquetas de bacalao son el aperitivo más popular de la cocina portuguesa. Se consideran imprescindibles en cada mesa de Navidad, boda y fiesta.

Ésta es la receta de mi madre. Tengo buenos recuerdos de cocinar esos "bolinhos" con ella cada mañana la Nochebuena. He adaptado la tradición familiar haciéndolos con Lisa cada víspera de Navidad. Recomiendo hacer un doble lote y congelar la mitad de la masa cruda para la próxima vez. ¡La pasta salada de patata y bacalao se fríe ligeramente hasta que esté dorada y salen espectacularmente deliciosas!

Hace de 4 a 5 docenas

1 libra de bacalao deshuesado

3 patatas grandes sin almidón peladas y cortadas en rodajas de ½ pulgada

1 cebolla amarilla pequeña (picada)

1 diente de ajo grande (muy finamente picado) o (¼ cucharadita de ajo en polvo)

2 cucharaditas de aceite de oliva

2 cucharaditas de perejil (muy finamente picado)

3 huevos batidos grandes

¼ de cucharadita de pimienta negra molida

Salado

Aceite de maíz o aceite vegetal para freír (utilice una de primera marca y no un aceite genérico para evitar un sabor graso)

Bacalao hidratante:

Poner el bacalao en un cuenco grande con agua fría y tapar. Refrigerar durante 2 días y cambiar el agua por lo menos 2 veces al día. Si el bacalao es muy espeso, puede que tenga que cambiar el agua más a menudo y ponerlo en remojo durante 3 días.

Preparación

Poner las patatas y el bacalao en una cazuela con agua suficiente para cubrir. Cocer a fuego medio a fuego lento durante unos 10 minutos.

Retire con cuidado el bacalao, que debe quedar tierno y escamoso, con una cuchara ranurada y colóquelo sobre un paño de cocina de lino blanco limpio o una toalla de papel para absorber la humedad.

Retire los huesos y enrolle el bacalao en una bola con la toalla y saque la humedad. Dejar a un lado.

Hervir las patatas durante 10 minutos más o hasta que estén tiernas y escurrirlas.

Después de escurrir, dejamos las patatas en la misma cazuela, tapamos y volvemos al fuego unos minutos. Esto eliminará la humedad de las patatas. Cuando las patatas y el bacalao se hayan enfriado, ya puede empezar a hacer la masa de los beignets.

Preparación de la masa:

Pase las patatas a través de un excavador de patatas en un cuenco grande. Esto les hace muy aireados y ligeros. Si no tiene máquina de arroz, triture con un rallador de queso.

Cortar el bacalao en trozos pequeños con un tenedor o en un robot de alimentos hasta que quede escamoso y ligero.

Agregue al bol de patatas los escamas de bacalao, la cebolla, el ajo, el perejil, los huevos batidos y la pimienta y remueve para incorporar los ingredientes.

Su masa debe ser suficientemente espesa para formar croquetas ovaladas para hornear. Si lo encuentra demasiado blando, basta con añadir más escamas de bacalao o puré de patatas.

Observación:

En este punto también puede darles forma, enrollarlos en una fina capa de harina y guardarlos en bolsas de congelador para cocinarlos después.

Calentar el aceite a unos 365 a 375 grados F y empezar a freír 4 o cinco a la vez durante unos 2 o 3 minutos hasta que estén dorados.

Pruebe el primer lote para asegurarse de que estén cocidos. Puede que tenga que bajar el fuego si observa que se están dorando demasiado rápido y no se cuecen por dentro

Coloque el buñuelo cocido sobre una toalla de papel para absorber cualquier grasa.

Servir caliente o frío.

Observación:

Si se congela: Hornear mientras estén congelados, pero pueden tardar más en cocinarse. Ajuste el fuego en consecuencia para cocinar de forma uniforme.

13 EMPANADAS DE GAMBAS

Rissóis de Camarao

Este aperitivo es muy popular y se sirve en la mayoría de bodas y eventos especiales. La masa tierna se llena con relleno de gambas y se fríe ligeramente hasta que esté dorada, creando un delicioso mordisco que se funde en la boca.

Cuando era pequeña, iba a menudo a casa de mi madrina para ayudarla a hacer decenas de estas golosinas para la cena de Nochebuena de nuestra familia, la "Consoada". La palabra consoada es una comida que se come después de un día de ayuno y proviene de la palabra latina consolare, que significa 'consolar', ya que muchas personas ayunan durante los días de Adviento antes de Navidad. La cena de la Consoada es abundante con muchos platos de pescado y marisco y muchos postres clásicos.

A menudo me regañaba mi madrina por haber roto la masa, que es muy tierna y debe manipularse con mucho cuidado tanto durante el proceso de conformación como durante la fritura.

A lo largo de los años, Lisa y yo hemos tenido el mismo cuidado meticuloso para hacerlo cada víspera de Navidad.

Hace 5-6 docenas

Paso 1 Salsa blanca

6 cucharadas de harina

¾ de palo o 6 cucharadas de mantequilla o margarina

2 tazas de leche

½ cucharadita de sal

¼ cucharadita de pimienta

½ cubo de caldo de pollo (opcional)

1 yema de huevo

Preparación

Derretir la mantequilla en una cazuela gruesa, añadir la harina y remover hasta que se disuelva en la mantequilla.

Agregar la leche, la sal y la pimienta y el dado de caldo. Cocer a fuego medio, removiendo constantemente hasta que espese.

En un cuenco pequeño, añada 1 cucharada de la salsa blanca preparada a una yema batida para templar, luego añada la mezcla de huevo a la salsa blanca. Remueva, pruebe y añada más sal o pimienta si es necesario.

Dejar enfriar o tapar con papel saran en la nevera para que se enfríe completamente

Paso 2 Relleno de gambas

¼ taza de cebolla (picada finamente)

2 cucharaditas de perejil (picado finamente)

½ cubo de caldo de pollo

3 cucharadas de aceite de oliva

1 ½ libras de gambas crudas (peladas y cortadas)

¼ cucharadita de pimentón

¼ cucharadita de sal (opcional)

1 cucharadita de zumo de limón

Preparación

Sofreír las cebollas en aceite de oliva a fuego medio. Agregue el caldo y las gambas. Freír unos 3 minutos hasta que las gambas estén rosadas.

Agregue el zumo de limón y el perejil y deje enfriar. Incorporar las gambas enfriadas en la salsa blanca y aliñarlas con sal y pimienta. Deje que la mezcla se enfríe completamente o refrigera toda la noche, cubierta con un envoltorio de plástico.

Paso 3 Demasiado

6 tazas de agua

6 tazas de harina

1 cucharada de sal

1 palo u 8 cucharadas de margarina

1 trozo de ralladura de limón

Preparación

Poner el agua, la ralladura de limón, la sal y la mantequilla en una cazuela antiadherente a fuego medio hasta que el agua comience a hervir y la mantequilla se derrita.

Retire la ralladura de limón. Agregue la harina y remueva continuamente con una cuchara robusta hasta que se forme una bola de masa. Esto requiere bastante muscular. Notará que el fondo de la sartén empieza a formar una corteza.

Continúe removiendo hasta que se incorpore toda la harina a la bola de masa. La masa debe sentir y parecer una masa de pan.

Observación:

Deje enfriar completamente la masa antes de enrollarla para formar las empanadas.

Paso 4 Forma empanadas

Una vez la masa y el relleno estén completamente resfriados, estire la masa sobre una superficie enharinada fría hasta un grosor de 1/8 de pulgada con un rodillo enharinado.

Cortar la masa en círculos redondos de 4 a 5 pulgadas con un cortador de galletas o una taza de borde fino.

Coloque 1 cucharadita de relleno en el centro de la masa. Dobla la masa para formar una luna.

Pese suavemente los bordes juntos con un tenedor. No deje que el relleno se escape por los lados. Si la masa se rompe, notará que ha añadido demasiado relleno.

Coloque los Rissóis por separado en una bandeja de horno grande forrada con papel de horno o ligeramente enharinada.

Observación:

En este punto, puede congelarlos en bolsas de plástico hasta 1 mes.

Paso 5 Revestimiento de empanadas

Batir 3 huevos con unas cucharadas de agua en un cuenco grande.

Reparte de 2 a 3 tazas de pan rallado fino en un plato plano.

Sumerge cada empanada de gambas, una mano seca y otra mojada, en el lavado de huevo y después en el pan rallado.

Sacudir el exceso de huevo y los muelles y colocarlos en las bandejas de horno con papel pergamino. Almacenar en la nevera tapada con un envoltorio de plástico hasta que esté listo para hornear.

Paso 6 Empanadas fritas

Caliente una freidora a 365 grados F.

Observación:

Recomiendo una buena freidora de acero inoxidable que controle el calor a 365 grados.

Freír 6 a la vez hasta que estén dorados. Si se doran demasiado rápidamente y están crudos por dentro, baje el nivel de fuego. Es posible que tenga que ajustar el calor en consecuencia, dependiendo de su freidora.

Continúe girándolos suavemente para cocinar de manera uniforme. La masa está muy tierna, ten cuidado de no perforar la masa, de lo contrario, la masa se romperá y la grasa entrará en medio

Pruebe la cocción cortándola abierta para asegurarse de que el relleno y la masa estén cocidos.

Ponerlos sobre papel de cocina para que absorban la grasa.

14 PINZA PETITE EN BULHÃO PATO

Ameijoas en Bulhao Pato

Este plato recibe el nombre del poeta lisboeta del siglo XIX Bulhão Pato y ahora se encuentra en los menús de la mayoría de restaurantes portugueses. La salsa fresca de cilantro y vino blanco crea un caldo sabroso con las hierbas, el vino y las almejas suculentas tiernas. Servir con pan de casa portugués crujiente para sumergirlo. Servicios 1-2

2 cucharadas de aceite de oliva

1 cucharada de ajo (picado en dados)

1 cucharada de cilantro fresco (picado finamente)

3 cucharadas de Vinho Verde o vino blanco seco

12 almejas pequeñas de cuello (enjuague y limpiado)

Halcones de limón

Preparación

En una sartén, sofreír los ajos en aceite de oliva a fuego fuerte hasta que estén translúcidos. Añadir las almejas, el vino blanco, ½ cilantro y tapar. Cocer a fuego lento durante 5-8 minutos hasta que se abran las almejas. Descarta las almejas sin abrir.

Poner en un cuenco de servir. Decore con cilantro y rodajas de limón.

15 PASTELES DE BACADILLÓN

Patanisca de Bacalao

Estas tortas planas tienen el sabor salado del bacalao combinado con la dulzura de la cebolla y el perejil. Puede servir como aperitivo o como plato principal con arroz. Todavía son más sabrosos al día siguiente, así que adelante y haga un doble lote.

Tengo buenos recuerdos de aprender a cocinar estas pataniscas con mi madre cuando era pequeña. Los haríamos un domingo por la mañana para realizar nuestras excursiones familiares o para hacer un picnic en la playa. Hace 10-12 pasteles

1 libra de bacalao deshuesado (picado finamente)

4 huevos

1 taza y ½ de harina

½ cebolla pequeña o cebolleta (picada finamente)

2 cucharaditas de perejil fresco (picado finamente)

¼ cucharadita de pimienta negra

¼ cucharadita de ajo en polvo

1 cucharadita de aceite de oliva

Sal al gusto

½ a 1 taza de agua

½ cucharadita de bicarbonato de sodio

¼ taza de aceite de oliva

¼ taza de aceite vegetal

Preparación

Cocer el bacalao en agua hirviendo durante unos 5 a 8 minutos. Dejar enfriar y luego cortar en pequeños copos con un tenedor.

Mezclar la cebolla, el perejil, el bacalao, la harina, la sal, la pimienta, el ajo en polvo y el aceite de oliva en un cuenco y mezclar bien.

Mezclar el agua y los huevos en un cuenco pequeño y añadirlos a la mezcla de bacalao y remover bien.

Pruebe y añada más sal, pimienta y ajo en polvo al gusto.

Combine los dos aceites y empiece a freír por lotes calentando la mitad de los aceites a ¼ de pulgada en una sartén pesada a fuego medio.

Pruebe la temperatura del aceite colocando una pequeña cantidad de masa en el aceite. Cuando la masa esté burbuja, ya está listo para hornear. Cuando vea que el aceite empieza a fumar, baje el fuego.

Verter en la sartén la masa de crepes del tamaño de un dólar de plata. Aplanar para cocinarlos con formas ovaladas de aproximadamente ¼ de pulgada. Freír por cada lado hasta que esté dorado.

Coloque sobre toallas de papel o bolsas de almuerzo de papel marrón para absorber la grasa.

Servir caliente o frío.

16BOSCAS DE CARNE DE FOZADA

Pie de Carne

Estos bolsillos de hojaldre se llenan con un relleno de carne salada y después se cuecen dorados. Son deliciosas y calientes, pero al día siguiente tienen un gusto mejor. Esta receta hace unas 3 docenas de patatas de carne, lo que la convierte en un gran plato de fiesta de mano. También puede sustituir la carne de ternera por pollo cocido como variación. Hace unas 3 docenas

2 libras de masa de hojaldre congelada o fresca

1 libra de ternera molida

¼ taza de cebolla (picada finamente)

1 cucharadita de ajo en polvo

2 cucharaditas de perejil (picado)

Sal y pimienta

¼ taza de queso rallado (opcional)

1 huevo

1 cucharadita de agua

Preparación

Retire la masa del congelador para descongelarla lo suficiente para estirarla.

Cocine la carne en una sartén grande hasta que esté dorada. Retirar de la cazuela, escurrir y dejar enfriar en un cuenco medio.

En la misma sartén, añadir las cebollas y los ajos y sofreírlos hasta que estén dorados. Agregue la mezcla de cebolla a la carne y déjelo enfriar.

Coloque la mezcla de carne en el procesador de alimentos y bata 5 veces o hasta que la carne tenga una consistencia fina. Añada el perejil y el queso y bata 2 veces más.

Estirar la masa y cortarla en un rectángulo de 3" x 6". Coloque 1 cucharada de carne en el centro del rectángulo. Doble un lado a otro para hacer bolsillos cuadrados mientras pellizca los bordes juntos.

Cubra 2 bandejas de horno con papel de horno. Coloque las hojas en el papel y pince con un lavado ligero de huevo.

Cocer en el horno precalentado a 400 grados F durante 15 minutos o hasta que esté dorado.

17 CROQUETAS DE CARNE SALADA

Croquetas de Carne

Esta receta de croquetas es un viejo clásico. Son salados y ligeros y tienen una corteza crujiente. Es una manera perfecta de utilizar los restos de ternera asada o asado de olla.

Muchas de esas croquetas las hice cuando era pequeña. Yo sería la croquetadora oficial cuando fuera a casa de mi madrina para ayudarla a cocinar para nuestra cena de Nochebuena. Hace 2 docenas

1 libra de ternera asada cocida (picada)

2 cucharadas de mantequilla

4 cucharadas de harina

½ taza de leche

3 dientes de ajo (picados)

½ cebolla pequeña (picada finamente)

¼ taza de chorizo (picado finamente) (opcional)

1 hoja de laurel

1 cucharada de perejil (picado finamente)

1 cucharadita de sal

¼ cucharadita de pimentón

Pimienta negra reciente molida

Un chorro de nuez moscada

2 huevos

1 o 2 tazas de pan rallado para cubrir

Aceite vegetal para freír

Preparación

Sofreír la cebolla, el ajo y el laurel con la mantequilla en una sartén media a fuego medio hasta que quede translúcido. Agregue la harina y mezcle bien hasta que la harina se incorpore a la mantequilla.

Agregar la leche poco a poco hasta que la mantequilla se haya fundido y la mezcla quede lisa y espesa. Agregue la ternera, el chouriço y todas las especias restantes y deje cocer unos minutos. Retire la hoja de laurel y tírela.

Retire la carne del fuego y añada 1 huevo batido poco a poco para templarla.

Hervir la mezcla hasta que espese y darle forma de bolas o de huevo.

Enfriar la mezcla unos minutos y darle forma de croquetas.

Cuando esté listo para freír, mojar cada croqueta con el huevo batido restante y después con pan rallado. Freír en aceite vegetal a fuego medio hasta que esté dorado.

Dejar escurrir sobre papel de cocina antes de ponerlos en el plato de servir.

18 PLATO FRÍO ESTILO PORTUGUÉS

Carnes Frias y Queijos à Portuguesa

Este aperitivo tentará el paladar de sus invitados mientras prepara la cena, o puede servirlo como plato de fiesta. Para dar un aspecto rústico al plato, sirvo las carnes sobre una mesa de cortar grande de madera. Cuando sus invitados acaben de comer, simplemente enrolle el papel y tírelo para limpiarlo fácilmente.

Ingredientes sugeridos:

Queso:

Azeitao

Queso Évora

Nisa

Pico

San Jorge

Serpa

Serra da Estrela

Carnes:

salpicao

chouriço

Mortadela

Presunto

lados:

Variedad de aceitunas

Tomates cherry o uva

Pimientos rojos asados

Higos secos o mermelada de higos

Varios frutos secos

Pan cortado en rodajas

Preparación:
Coloque una hoja grande de papel pergamino sobre una mesa de cortar grande o un plato de servir.

Coloque aceitunas, tomates, pimientos, escabeche u otros condimentos en el centro.

Rodeando con varios quesos portugueses, carnes.

Agregar panes crujientes bien picados a los lados.

Coloque tenedores, cortadoras de queso o cuchillos y palillos para servirlos fácilmente.

19 BRUSCHETTA ESTILO PORTUGO

Bruschetta en Portuguesa

Los rollos portugueses son un recipiente perfecto para la cobertura de este aperitivo, creando un sabor perfecto del sabor portugués de un solo bocado. Las cebollas rojas dulces y los pimientos rojos asados suavizan la salazón en el presunto, y después se termina con un chorro de aceite de oliva portugués puro.

Haga un lote doble, porque estas pequeñas golosinas deliciosas desaparecen rápidamente. Haga este aperitivo hasta un día antes de servir. Para 4-6 personas

3 o 4 papo secos: bocadillos o baguette portugueses

2 tomates semi maduros (muy finamente picados)

2 rebanadas de Presunto (picadas finamente)

¼ taza de cebolla roja picada finamente

¼ taza de aceitunas negras picadas

¼ taza de pimentón asado (picado)

2 dientes de ajo (picado finamente)

4 cucharadas de aceite de oliva portugués o un aceite de oliva virgen extra

2 cucharaditas de perejil picado finamente

Pimienta negra molida al gusto

Preparación

Escurrir los tomates y ponerlos en un cuenco de plástico o cerámica. Agregar el resto de ingredientes y mezclar bien.

Guardar en la nevera hasta que esté listo para montar y servir.

Prepare rebanadas de pan:

Coloque 1 diente de ajo picado en aceite de oliva en un cuenco muy pequeño apto para el microondas y cocine durante unos 30 segundos para infusionar el aceite con sabor a ajo.

Cortar el pan en rodajas muy finas de entre ¼ y ½ pulgada y ponerlas sobre una bandeja de horno grande. Pintar con la mitad del aceite de ajo y dejar la otra mitad para la cobertura.

Coloque el plato con las rebanadas de pan debajo del grillo para tostar durante unos 2 minutos o hasta que esté dorado claro y, a continuación, gire para dorar el otro lado.

Precaución: Deja la puerta del horno abierta cuando tosta el pan. Se dorará rápidamente.

Cuando el pan esté listo, poner 1 cucharada o más de la mezcla de cobertura en cada rebanada.

Regar la parte superior con aceite de oliva y servir

20PANCHETAS DE CERDO EN LA GRILLA

Toucino Assado

Nada mejor que el olor de la grasa de cerdo fresco cocinando en la parrilla exterior. Ésta es la receta de mi hermano Manny que se sirve cada vez que hacemos un picnic familiar y es la preferida de los hombres de nuestra familia.

El vientre de cerdo sin curar se puede encontrar en la carnicería local. Lo cortarán a mano hasta el grosor deseado. Asegúrese de servir con rollos portugueses o pan crujiente para absorber los jugos jugos de la panceta crujiente cocida. Servicios 6-8

2 libras de ventresca de cerdo fresca sin sal (cortada en rodajas de ¼ de pulgada de grosor)

6 dientes de ajo (picados)

1 cucharada de sal marina

2 cucharadas de aceite de oliva

Preparación

Marinar las tiras de cerdo con el ajo salado y el aceite de oliva durante al menos 30 minutos. Coloque en la parrilla caliente y cocine hasta que ambos lados estén crujientes pero no quemados. Servir con pan portugués crujiente.

21 POLLO DE CERDO AL ESTILO MINHO

Rojoes en Minhota

La palabra "Minhota" a menudo se refiere a una hembra de la región "Minho" del norte de Portugal, donde se originó el plato. La marinada de ajo y vino hace que la carne de cerdo sea salada y sabrosa. La técnica del braising crea una textura dorada y crujiente. Servir con baguette o patatas hervidas como plato principal. Para 4-6 personas

1 libra de lomo de cerdo cortado en dados pequeños de 1 pulgada

1 taza de Vinho Verde o vino blanco seco

3 dientes de ajo (picados)

1 hoja de laurel

½ cucharada de pimentón en polvo

½ cucharadita de comino

½ cucharada de sal

½ cucharadita de pimienta negra molida

3 cucharadas de acortamiento

Preparación

Coloque todos los ingredientes excepto la acortada en un cuenco pequeño y mezcle bien para incorporar las especias. Poner en la nevera para marinar durante la noche.

Cuando esté listo para cocinar, retire la carne de la nevera para que llegue a temperatura ambiente. Escurrir la carne de cerdo, pero reservar la marinada para más tarde.

Calentar el acortamiento en una sartén grande a fuego medio y freír la carne de cerdo hasta que esté dorada y crujiente. Cocine la carne de cerdo por lotes para obtener una textura crujiente agradable.

Retire el último lote de carne cocida de la sartén. Agregue la marinada a la sartén y deje cocer hasta que se reduzca a la mitad.

Agregue la carne de cerdo de nuevo a la sartén y deje cocer unos minutos para que absorba los sabores. Pruebe y añada más sal si es necesario.

Servir con pan francés como entrante o servir esta carne de cerdo como plato principal con patata hervida

22 PLATO DE QUESOS AL ESTILO PORTUGUOS

Queijos portugués

Esta mesa de quesos rústicos es una buena manera de empezar su cena u organizar una sencilla fiesta de quesos y vino. Lo hago muy a menudo cuando necesito entretener a una gran gente para una cena, ya que mantiene a los invitados entretenidos mientras acabo de cocinar.

Si organiza una fiesta del vino, sírvalo con vinos secos o dulces portugueses, blancos, tintos, vinos verdes, vino de Oporto o maridajes de vinos de Madeira.

Variedad de quesos portugueses:

Azeitao

Queso Évora

Nisa

Pico

San Jorge

Serpa

Serra da Estrela

Especies:

Almendras

Mermelada de higos

Marmelada (mermelada de membrillo portuguesa)

Variedad de bocadillos

Tabla de cortar de madera o cuenco grande

Preparación:

Coloque las almendras, la mermelada de higos y la marmelada en el centro de la mesa de cortar. Dispone diferentes quesos alrededor de la mermelada.

Coloque el pan en rodajas y las galletas alrededor del queso.

Servir con vinos portugueses secos o dulces, blancos, tintos, Vinho Verde, Oporto o combinaciones de Madeira.

23 MONTA ROJA Y CHILE CHOURIÇO

Chourico con Feijão

El pimentón ahumado y las especias hacen una combinación perfecta de sabores en este chile. Es fantástico para una fiesta o como guarnición de judías para su próxima cocina. Este favorito de la familia que llamamos chili portugués es la receta de mi marido Augie. Para 4-6 personas

1 chouriço o linguica grande cortado en rodajas de 1/4 de pulgada. Nota: la linguica es más picante

2 latas grandes de judías rojas cocidas

1 cebolla pequeña (picada)

2 dientes de ajo medios (picados)

1 hoja de laurel

½ cucharadita de pimentón en polvo

1 a 2 cucharaditas de piri piri o salsa caliente (opcional)

½ taza de agua

½ taza de vino tinto

1 taza de tomate rojo triturado o salsa de tomate

2 cucharadas de aceite de oliva

2 cucharadas de perejil en escamas (opcional)

Preparación

En una cazuela grande y profunda a fuego medio, sofreír las cebollas, los ajos y el laurel con aceite de oliva durante 1 o 2 minutos hasta que estén translúcidos. Agregue el chouriço cortado en rodajas y deje cocer unos 2 minutos hasta que esté ligeramente dorado.

Agregue el resto de ingredientes excepto los copos de perejil y déjelo hervir. Reduzca el fuego y cocine a fuego lento durante 15 o 20 minutos, removiendo de vez en cuando.

Tapa y reserva hasta que esté listo para servir. El chile se espesa a medida que se enfría.

Observación:

Notará que el chile puede quedar un poco acuoso.

Para espesar, simplemente triture aproximadamente 1 taza de judías con un tenedor, vuelva a remover al chile y deja cocer hasta que alcancen la consistencia deseada.

Para volver a calentar al día siguiente, añada un poco de agua hirviendo para diluir el chile y vuelva a calentar a menudo a fuego lento.

24 CHOURIO A LA BRILLA

Chouriço Bombeiro

Este entrante ofrecerá una experiencia de cocina inolvidable a sus invitados. El chouriço flamígero proporciona una piel dorada crujiente y un sabor salado. La butifarra de Chourico está seca, así que no se preocupe si cree que no la ha cocinado lo suficiente. La butifarra de Chourico está seca, así que no se preocupe si cree que no la ha cocinado lo suficiente. Servir con varilla fresca. Para 4-6 personas

1 linguica entera o chouriço

2 a 4 onzas. alcohol integral

1 plato de barro profundo apto para el horno

Luces de chimenea largos

Preparación
Aclarar y secar el chouriço con papel de cocina. Coloque 2 oz. alcohol en el fondo de un plato apto para el horno.

Haga unos cortes en diagonal en el chouriço y colóquelos en la bandeja de cocción.

Encienda un luminoso y encienda lentamente el alcohol. Deje cocer el chouriço entre las llamas hasta que quede crujiente.

Observación:

Precaución: no toque las llamas. Cocinar en una zona bien ventilada.

Gire el chouriço para cocinar el otro lado, si lo desea.

Si las llamas se apagan antes de hacer el chouriço, vuelva a empezar el proceso.

Coloque el chouriço en un plato de servir y sírvalo en rodajas.

25 SARDINAS A LA GRILLA CON CEBOLLA Y PIMIENTA

Sardinhas Assadas como Cebolada

Las sardinas son tan populares en Portugal como el famoso bacalao. La mayoría de festivales y picnics de verano incluyen sardinas. La sardina portuguesa ha sido galardonada con la etiqueta azul por el Marine Stewardship Council, lo que significa que la pesca de sardina en Portugal tiene en cuenta la sostenibilidad de los recursos marinos. Las sardinas se capturan a lo largo de la costa portuguesa, pero las sardinas más populares provienen de Algarve. En Portimão, en el Algarve, puede comer las sardinas recién hechas a la brasa más deliciosas, especialmente durante la Fiesta de la Sardina durante los primeros 10 días de agosto. Para 4-6 personas

2 libras de sardinas frescas o congeladas

1 pimiento rojo grande (cortado por la mitad)

1 pimiento verde grande (cortado por la mitad)

2 cebollas grandes (cortadas en anillas grandes)

2 dientes de ajo grandes (picados)

¼ a ½ taza de aceite de oliva virgen extra

Sal marina

Pimienta

Cómo preparar sardinas frescas o congeladas para la brasa:

Si tus sardinas están congeladas, descongelarlas en un cuenco grande aclarándolas primero con agua fría, escurriéndolas y cubriéndolas con una buena capa de sal marina.

Dejarlos a temperatura ambiente unos 30 minutos para que absorban la sal.

Si no los está cocinando enseguida, escurrir todo el líquido del cuenco, tapar y refrigerar hasta que esté listo para la plancha.

Si tiene sardinas frescas, rociar con sal marina y dejar reposar unos 5 minutos antes de hacerlas a la plancha.

Preparación

Primero cocer los pimientos y las cebollas:

Caliente la parrilla al máximo. Frotar las cebollas y los pimientos con sal, pimienta y un poco de aceite de oliva. En la parrilla los pimientos hasta que la piel esté completamente carbonizada, después colóquelos en una bolsa de almuerzo de papel limpia. Deje las cebollas a un lado para más tarde.

A la brasa de sardinas:

Retire las sardinas de la nevera y escurra la humedad.

Secar y poner en una parrilla de carbón o gas ligeramente untada a fuego medio.

Cocer las sardinas hasta que estén doradas y ligeramente crujientes, girándolas suavemente con un tenedor, vigilando que no se rompa la piel.

Mantenga las sardinas alejadas de las llamas abiertas para evitar que el carbón negro.

Cuando esté cocido, cubrir con papel de aluminio y poner en una bandeja en el horno caliente.

Preparación de pimientos y cebollas:

Retire los pimientos de la bolsa de papel y saque la piel. Notarás que la piel se desprende fácilmente. Cortar los pimientos en tiras y mezclarlos con las cebollas en una sartén media.

Agregar el ajo, el aceite de oliva y más sal y pimienta. Calentar un poco la mezcla.

Servir:

Coloque las sardinas cocidas calientes en el centro de un cuenco grande. Rodea con la salsa de cebolla y pimiento. Servir con patatas hervidas o pan portugués fresco.

26ENSALADA DE POP AJO

Ensalada de polvo

Este aperitivo rápido es una forma fantástica de aprovechar los restos de pulpo cocido. La cebolla, el ajo y el perejil mezclados con la vinagreta de aceite de oliva virgen extra proporcionan un sabor único a cada bocado. Servir con baguette o bocadillos. Para 2-4 personas

3 tazas de pulpo cocido (picado)

1 cucharadita de sal

1 cucharadita de pimienta

½ cebolla pequeña (picada)

4 dientes de ajo (picados)

2 cucharadas de perejil fresco (picado)

¼ taza de aceite de oliva virgen extra

¼ taza de vinagre de vino blanco

Preparación

Ponga todos los ingredientes en un cuenco. Combinar. Deje reposar la mezcla durante al menos 15 minutos para marinar antes de servir.

Servir con varilla.

Servir o guardar en el frigorífico hasta 3 días.

27 ENSALADA DE CIGROS Y HUEVO

Salada de Grao

Los garbanzos y los huevos son muy populares ya menudo se sirven como plato principal, plato o como acompañamiento de pescado o bacalao. En esta receta utilizo verduras en escabeche que dan una textura crujiente y un bocado picante. Servir con baguette o bocadillos. Servicios 2-3

2 latas de garbanzos

6 huevos duros en rodajas

½ cucharadita de sal

½ cucharadita de pimienta

½ cebolla pequeña (picada finamente)

2 o 3 cucharadas de perejil fresco (picado finamente)

½ taza de verduras en escabeche (picadas finamente) (opcional)

¼ a ½ taza de aceite de oliva virgen extra

¼ taza de vinagre blanco

Preparación

Aclarar los garbanzos, escurrirlos y ponerlos en un cuenco medio. Mezcle todos los ingredientes excepto los huevos.

Pruebe y añada más condimentos si es necesario.

Deje reposar la mezcla durante al menos 15 minutos para que absorba los sabores. Encima con huevos en rodajas y decorar con perejil.

28 HUEVOS DEVIDATADOS

Ovos Recheados

La palabra "demonio" en el nombre de la receta originalmente se refería a la combinación de especias, incluida la mostaza, que se utiliza para condimentar los huevos. Yo uso salsa picante piri piri junto con la mostaza para darle un toque picante a los huevos. Hace 24

12 huevos

½ taza de mayonesa

1 cucharadita de mostaza de Dijon

¼ cucharadita de sal

¼ cucharadita de pimienta

½ cucharadita de piri piri o salsa caliente (opcional)

Pimentón para adornar

Preparación

Poner los huevos en una cazuela media y cubrirlos con agua. Hervir 10 minutos y dejar en la cazuela unos minutos.

Escurrir y añadir suficiente agua fría para cubrirlas en la misma cazuela. Deje reposar 5 minutos para que se enfríe.

Toque suavemente los huevos y rompe el caparazón alrededor del huevo. Esto hace que sea fácil de pelar.

Cortar los huevos cuidadosamente por la mitad longitudinalmente y ponerlos en un plato de servir.

Retirar las yemas y poner en un cuenco pequeño. Mezclar todos los ingredientes excepto el pimiento. Pruebe y añada más especies si es necesario.

Observación:

Servir o guardar en la nevera hasta 2 días

29ENSALADA DE ATÚN ESTILO PORTUGAS

Salada de Atum

Las conservas de pescado y marisco son muy populares en nuestra cocina. Muchas ciudades de Portugal tienen tiendas dedicadas específicamente a vender tipos de conservas de pescado como sardinas, atunes, pulpos y calamares.

Este plato se puede servir como plato principal con patatas hervidas y huevos duros y, a continuación, se termina con un sencillo aliño de aceite de oliva y vinagre. Servicios 2

1 lata de atún en agua o aceite de oliva

1 taza de uva, cereza u otros tomates picados

¼ taza de cebolla o cebolleta (picada finamente)

Trajes:

1 cucharada de aceite de oliva

1 cucharada de vinagre de vino blanco

Sal al gusto

Pimienta al gusto

Copos de perejil

Preparación

Cortar los tomates por la mitad o en trozos pequeños y ponerlos en un cuenco medio.

Escurrir el atún y añadirlo a los tomates.

Coloque el resto de ingredientes en un cuenco pequeño y remueva enérgicamente para incorporar los sabores.

Prepare el aliño tirando todos los ingredientes en un cuenco pequeño. Mezclar bien.

Vierta el aliño sobre el atún y los tomates y remueva suavemente.

Servir sobre una cama de lechuga, con pan o patatas hervidas

El perro mueve la cola, no por ti, sino por tu pan.

-*Refrán portugués*

30 PAN CHOURIÇO Y JAMÓN ESTILO CHAVES

Folar de Chaves

Folar tiene una larga tradición en la cultura de la cocina portuguesa. Generalmente, el pan rico en huevos está relleno de carnes diversas como; jamón, presunto, tocino curado, salpicao y chouriço, pero hay muchas variantes y cada familia tiene su receta. Normalmente este pan se realiza durante Semana Santa, pero también es muy popular durante todo el año.

Esta receta del "Folar de Chaves" es de mi madre. Se originó en las regiones portuguesas del noreste de Chaves, de donde procedía. Era famosa por su folar y nadie podía replicarle. Su secreta manera de amasar la masa a mano hasta que quedara ligera, aireada y llena de burbujas creaba un pan ligero y húmedo. Hoy Lisa y yo honramos la tradición de mi madre de cocer este pan cada año durante la Semana Santa y otras celebraciones y fiestas familiares. Hace 2 panes medios

12 huevos marrones jumbo (temperatura ambiente)

10 tazas de harina tamizada

2 (6 oz) cubos de levadura fresca

1 taza de agua tibia

1 cucharada de sal

1 palo de mantequilla o margarina (8 cucharadas)

½ taza de aceite de oliva

4 tazas de jamón ahumado (canje de jamón) cortado en tiras de 1/2 x 2 pulgadas

1 o 2 chorizo o embutido entero

1 taza de ternera molida (tocino curado ahumado) (si se desea)

Preparación

Calentar el agua, la margarina y el aceite de oliva en una cazuela pequeña a fuego lento. Cuando la margarina se haya fundido, prueba con el dedo. Debe ser caliente, no caliente. Añadir la levadura y remover para disolver. Dejar a un lado.

Batir los huevos hasta que estén espumosos y reservar.

Tamizar la harina y la sal en un cuenco de mezcla muy grande. Haga un pozo en el centro de la harina y añada la mezcla de huevo y levadura. Amasar a mano o con el gancho de masa durante al menos 10 minutos hasta que la masa esté ligera y aireada. Busque burbujas de aire en la masa.

Observación:

La masa será fina y muy elástica, no espesa como la masa de pan. Si lo encuentra demasiado delgado, añadir 2 cucharadas de harina y mezclar bien.

Untar las manos con aceite de oliva y formar una bola con la masa. Poner la masa en un cuenco grande untado con aceite de oliva y espolvoreado con harina.

Haz una cruz en el centro de la masa para "bendecirla". Cubrir con papel de plástico y dejar reposar hasta que doble su volumen, unas 2 horas.

Este paso es opcional dependiendo de sus preferencias de sal:

Cortar el chouriço en rodajas del grosor deseado. Poner la carne en una cazuela con agua hirviendo y dejar cocer unos 2 o 3 minutos para sacar la sal. Escurrir la carne, secar y dejar enfriar. Utilice la carne tal y como es si prefiere el pan más salado.

Cuando la masa haya subido, untar y enharinar ligeramente las manos y verterlas sobre una superficie ligeramente untada de aceite suficiente para aguantar la masa. Verter sobre una superficie ligeramente untada y enharinada lo suficientemente grande como para aguantar la masa.

Cuando la masa esté lista, dividela por la mitad. Estirar cada pieza en un rectángulo de 12 x 16 pulgadas, como lo haría cuando manipula la masa de pizza, teniendo cuidado de no romperla.

Reparte la carne uniformemente sobre la masa. Empiece a enrollar suavemente la masa en un pan. Si aparecen vacíos, ciérrelas pulsando la masa con los dedos.

Coloque el Folar sobre bandejas de horno ligeramente enharinadas o en moldes preformadas.

Deje reposar la masa durante 10 minutos antes de hornear.

Precaliente el horno a 400 grados F.

Cocine a 400 durante unos 45 minutos, después reduce el fuego a 350 grados. Cocer 15 minutos más y apague el fuego. Cocine más tiempo si es necesario. La hoja debe ser de color dorado oscuro. Deje enfriar antes de cortar

Observación:

Algunos hornos tardan más en cocinarse. Compruebe la cocción tocando el folar con los nudillos. Debería escuchar un sonido vacío.

Para panes más pequeños, cocine entre 30 y 45 minutos.

Almacenar en la nevera.

También puede congelar la hoja envolviéndola con aluminio grueso y después colocándola en bolsas de congelación. Se descongela en pocas horas o durante la noche en la nevera
.

31 PAN DULCE PORTUGUOS

Pao Doce

Este pan dulce ligero y aireado suele hacerse durante Navidad y Semana Santa. También se come todo el año en el desayuno, en las comidas e incluso como postre. Hay muchas variaciones de recetas para hacer este pan, algunas recetas utilizan pasas, ralladura de limón, ron o whisky para potenciar el sabor. Los panes dulces hechos durante la Semana Santa se llaman Folar de Pascoa, donde a menudo se cuece un huevo duro en la masa para significar la fertilidad y el renacimiento de Cristo.

Hace unos 2 panes grandes o 24 panes pequeños

6 a 7 tazas de harina

2 paquetes y medio de levadura seca activa

1 taza de leche tibia

1 rama de margarina

1 cucharada de sal

4 huevos jumbo

1 taza de azúcar

1 cucharada (whisky – aguardente) (o ralladura de limón si desea pan con sabor a limón)

¼ taza de agua tibia

¼ cucharadita de azúcar

Preparación

Caliente la leche, pero no la queme. Retirar del fuego y remover la margarina hasta que se derrita. Añada el azúcar, la sal y mézclalo. Coloque en un cuenco grande para que se enfríe.

Mientras, haga un entrante de levadura mezclando la levadura con ¼ de taza de agua tibia y ¼ de cucharadita de azúcar. Remover hasta que se disuelva y dejar reposar hasta que vean que se forman burbujas.

Batir los huevos unos minutos y después añadirlos a la leche. Agregue la levadura a la leche junto con el whisky y bata durante 2 minutos.

Empiece a añadir la harina 1 taza a la vez hasta que se incorpore. Utilice los ganchos de masa o las manos para amasar durante unos 10 minutos.

La masa debe ser muy sedosa y lisa y algo pegajosa. Añada más harina si encuentra la masa pegajosa.

Retire la masa de la batidora, colóquela sobre una superficie enharinada y amase unos 5 minutos hasta que la masa quede lisa.

Colocar la masa en un cuenco grande enharinado y cubrir con papel de plástico y una toalla tibia.

Deje subir en un lugar cálido durante 2 o 3 horas o hasta que doble.

Cuando la masa se haya doblado, pinchela y deje reposar 30 minutos más. Coloque su masa sobre una superficie enharinada y dé forma a su pan en una trenza, pan o mini panecillos.

Deje que la masa luce una hora más.

Precaliente el horno a 325 grados F.

Pintar la parte superior del pan con huevo lavado y cocer durante 30 minutos. Pasados los 30 minutos, bajamos el fuego a 300 grados y dejamos cocer 30 minutos hasta que el pan tenga un color caramelo dorado.

Observación:

Si desea hacer 2 panes más pequeños, cocer durante unos 45 minutos.

Los mini bocadillos se cuecen en menos tiempo, unos 45 minutos.

Las temperaturas del horno pueden variar, por favor, ajuste en consecuencia.

32 PAN DE BLAZA ARTESANA

Broa

Este pan de maíz muy popular se originó en la región de Tras os Montes, en el norte de Portugal. Lo más inusual de hacer este pan es que inicialmente utilice agua caliente para cocinar previamente la harina de maíz antes de añadir la harina normal. Esto se llama pregelatinización de la harina de maíz, similar a la cocción de polenta.

Este pan combina perfectamente con sardinas a la brasa, embutidos y quesos portugueses. Tengo buenos recuerdos de comer este pan en mi ciudad natal en Portugal con presunto de Tras os Montes. Hace 1 pan

3 y 3/4 tazas de harina de maíz blanca o amarilla (no harina de maíz)

3 tazas de harina para todo uso

3 tazas de agua hirviendo

1 cucharada de mantequilla fundida

2 cucharaditas de azúcar

2 cucharaditas de sal

Iniciador de levadura:

¼ taza de agua tibia

½ cucharadita de azúcar

2 cucharaditas de azúcar en polvo

1 cucharada de harina

Preparación

Observación:

En primer lugar, haga el entrante de levadura mezclando todos los ingredientes y dejando a un lado unos minutos hasta que se formen burbujas de levadura.

Poner la harina de maíz en un cuenco y añadir el agua hirviendo, la mantequilla, el azúcar y la sal. Mezclar bien con un gancho de masa o con las manos cuando la masa esté lo suficientemente fría para manipularla. Esto iniciará el proceso de cocción de la harina de maíz.

Deje reposar la masa unos 10 minutos y después añada la harina normal. Agregue la mezcla de levadura y amase hasta que la masa esté lisa y se pueda formar una bola.

Colocar la masa sobre una superficie enharinada, formar una bola, poner en una sartén redonda untada y espolvorear con una pizca de harina de maíz. Deje que la masa doble su volumen durante aproximadamente 1 hora. Notará que aparecen grietas en la masa, pero esto le da un aspecto tradicional.

Mientras, precaliente el horno a 450 grados F.

Cocine durante unos 30 a 45 minutos hasta que la corteza tenga un color dorado oscuro.

Para comprobar si el pan está hecho, golpea el pan con los nudillos y escucha un sonido sagrado. Es posible que tenga que cocer el pan más tiempo según su horno, ya que las temperaturas pueden variar.

Deje enfriar el pan antes de cortarlo. El pan quedará muy crujiente. Si desea una costra más suave, poner el pan enfriado en una bolsa de plástico apta para alimentos durante unos minutos.

33 ROLLOS PORTUGUSOS

Papos Secos

Diferentes regiones de Portugal tienen su pan preferido, pero Papo Seco es el pan más popular en muchas casas y un elemento básico en cualquier restaurante que sirva comida portugués.

Los rollos son un recipiente perfecto para bocadillos, sumergidos en sopas y salsas, o servidos con mantequilla. A menudo la gente dice que tengo un "papo seco", que literalmente significa "garganta seca" para indicar que necesitan algo para beber. Esta receta está adaptada a una que me dio Leonor Santos. Hace unas 2 docenas de rollos

10 y 1/2 tazas de harina para todo uso (más más para amasar)

1 y 1/4 cucharada de sal

1 y 1/4 cucharada de azúcar

2 paquetes de levadura seca activa

3 cucharadas de margarina (fundición)

3 tazas de agua tibia

Preparación

Combina el agua, el azúcar, la sal y la levadura en un cuenco grande y mézclalo bien.

Agregue la harina a la levadura y mézclalo con la mano o con un gancho demasiado. Continúe mezclando hasta que una masa suave se forme una bola.

Ponga la masa en un cuenco untado y enharinado. Tapa y pone en un sitio cálido hasta que la masa haya doblado su volumen.

Cuando la masa haya subido, da forma al pan de bolitas, haga un sangrado en el centro con la mano y colóquelas sobre una sartén plana untada.

Espolvorear con harina, tapar y poner en una bandeja de horno enharinada. Deje que los rollos doblen su volumen durante unos 60 minutos.

Cocine a 375 grados F hasta que esté dorado durante unos 30 a 45 minutos

34 PAN DE CHOURIÇO

Pao de Chouriço

Este pan lo hago muy a menudo para fiestas, picnics, noche de juegos o merienda rápida. A mi familia le encanta y reconocen el aroma en cuanto entran por la puerta principal cuando lo hago. Le sugiero que haga un lote doble para que este pan desaparecerá antes de que se dé cuenta. Hace 1 pan grande o 2 pequeños

1 chouriço o linguica grande (cortado a ¼ de pulgada)

2 cebollas grandes (en rodajas finas)

1 pimiento rojo grande (en rodajas finas)

2 cucharadas de aceite de oliva

Masa de pizza de 2 libras o receta de Papo Seco en la página anterior

1 paquete (16 oz.) de su queso rallado preferido (si lo desea)

Preparación

Coloque su masa de pizza en un cuenco grande y déjela subir durante unos 30 minutos a 1 hora hasta que doble su volumen.

Precaliente el horno a 400 grados F.

En una sartén grande, sofreír la cebolla y el pimiento en el aceite de oliva hasta que estén dorados. Agregar los chorizos y freírlos durante 1 minuto aproximadamente.

Mientras, estire la masa de pizza a la longitud deseada. Puede hacer 1 pan grande o 2 medios. Reparte la mezcla de chouriço y cebolla uniformemente sobre la masa. Añada queso en este punto si lo desea.

Estirar la masa con cuidado en forma de pan largo y poner los bordes del pan por debajo. Cocer en el horno unos 20 minutos o hasta que esté dorado, dependiendo de su horno. Toque suavemente el pan y escuche un sonido vacío. El pan estará listo en ese momento. Deje enfriar antes de cortar.

35 PAN CASEROSA

Pao Caseiro

Esta receta está adaptada de mi buen amigo Miguel Carvalho. Su receta de la región del Alentejo de Portugal utiliza zumo de naranja para dar al pan un sabor dulce. La primera vez que hice este pan casi me lo comí yo mismo porque estaba muy bueno, ¡así que esté alerta!

Hace 2 panes medios

7 tazas de harina

2 cucharaditas de sal marina

2 paquetes (2 ½ cucharaditas cada uno) de levadura seca activa

1 cucharadita de azúcar

½ taza de zumo de naranja

½ taza de leche

2 tazas y media de agua caliente

Preparación

Disolver la sal en el agua. Poner la harina en un cuenco grande y añadir la levadura, el azúcar, la leche, el zumo de naranja y el agua con sal.

Mezcle todos los ingredientes con una cuchara de madera hasta que quede una masa suave o también puede utilizar la batidora de pie con gancho de masa, o una máquina de pan en ciclo de masa. Si la masa todavía está muy suave, añada más harina.

Cubrir el cuenco con un paño caliente y dejar reposar al menos una hora o hasta que doble su volumen. Enharinar las manos y poner la masa sobre una superficie enharinada. Amasar la masa durante unos minutos y dividirla en 2 partes.

Precaliente el horno a 400 grados F.

Forme la masa en panes redondos y colóquelos sobre una bandeja de horno ligeramente enharinada. Deje reposar la masa durante 15 minutos.

Cocine durante unos 30 a 40 minutos o hasta que se forme una corteza dorada oscura. Toque el pan con los nudillos para que suene vacío cuando esté hecho.

Enfriar antes de cortar.

36PAN PLAN DE ROMÍ ALL

Broa de Alecrim

El pan plano a menudo se conoce como "Bica" en mi ciudad natal. Cuando hago este pan plano me lleva a los recuerdos de la ciudad natal de mi familia, donde el pan de nuestro pueblo se elaboraba en un horno comunitario construido en la época romana.

Un residente hombre preparaba el horno de leña para hornear pan para la comunidad dos veces por semana. Aquellos días, por la mañana, cada familia llevaba su masa levantada a punto para hornear. En pago de sus servicios, cada familia daba al panadero una porción del pan cocido.

Mide 1 pan grande o 2 pequeños

5 tazas y ½ de harina

1 y ¾ tazas de agua tibia

¼ taza de aceite de oliva

1 paquete (2 y ½ cucharadita) de levadura

1 cucharada de sal

1 cucharada de azúcar

coberturas:

2 dientes de ajo

¼ taza de aceite de oliva

2 o 3 cucharaditas de romero (picado)

1 cucharada de sal marina

Preparación

Primero haga el entrante de levadura:

Coloque la levadura, el agua tibia, la sal y el azúcar en un cuenco pequeño. Remover bien y dejar reposar unos 5 minutos hasta que se formen burbujas.

Coloque la harina en un cuenco grande. Añada ¼ de taza de aceite de oliva y la mezcla de levadura en el centro y mézclalo con ganchos de masa hasta que se forme una bola redonda. Añada un poco de harina si la masa es demasiado pegajosa.

Retire la masa del cuenco y amase unos 5 minutos. Colócalo en un cuenco enharinado, cubrirlo con envoltura de plástico y una toalla tibia. Coloque en un lugar cálido durante 1 hora o hasta que doble su volumen.

Mezclar la otra ¼ taza de aceite de oliva y el ajo en un cuenco pequeño y reservar hasta que la masa se haya subido.

Pintar una bandeja de horno grande con un poco de aceite de oliva.

Extienda la masa levantada en la bandeja para el horno. Utilice los dedos para extender la masa a la sartén y pinche los dedos para formar ranuras. Recubrir con una capa de aceite de oliva. Deje la focaccia a un lado en un lugar cálido durante aproximadamente 1 hora hasta que doble.

Precaliente el horno a 425 grados F.

Cuando la masa haya subido, untar la masa con el aceite de oliva y los ajos restantes, y rociar con el romero y la sal marina.

37 ARROZ PORTUGAS

Arroz en Portuguesa

El arroz es un ingrediente básico de nuestra cocina, traído por primera vez a la Península Ibérica por los árabes. Durante el reinado del rey Dom Dinis, aparecieron las primeras referencias escritas al cultivo del arroz, pero en aquella época el arroz era comido principalmente por los ricos. Mi padre se llamaba Dinis en honor al rey, ¡quizás por eso le gustaba tanto el arroz! Él me enseñó por primera vez a cocinar arroz cuando era una joven escolar. Me enseñó que el secreto del arroz esponjoso es cocinarlo con el método del sofrito. Pintar el arroz con el aceite de oliva caliente y sofreírlo ligeramente antes de añadir el agua hirviendo o el caldo.

Servicios 6-8

2 tazas de arroz de grano largo sin hornear

1 cebolla pequeña (picada finamente)

2 cucharadas de aceite de oliva

1 cubo de caldo de pollo o (1 taza de caldo de pollo pero reduce el agua en 1 taza)

4 tazas de agua hirviendo

1 cucharadita de sal

¼ cucharadita de pimentón o 1 cucharada de salsa de tomate (opcional)

Preparación

En una cazuela medianamente pesada o una sartén profunda a fuego medio, sofreír las cebollas en aceite de oliva durante unos 1 o 2 minutos hasta que estén ligeramente doradas.

Agregue el arroz a la mezcla de cebolla y aceite de oliva y déjelo sofreír unos minutos hasta que quede cubierto de aceite. Agregue el agua hirviendo, el pimentón, el caldo y la sal y remueve.

Vuelva a hervir el arroz y baje el fuego a medio. Remover, tapar la cazuela y dejar cocer 15 minutos.

Pasados los 15 minutos, retire la sartén de la cazuela, remueva el arroz, pruebe y añada más sal si desea.

Apague el fuego, tape y retire la cazuela del fuego hasta que esté listo para servir.

Cómo hacer una pirámide de arroz:

Untar ligeramente un plato o una taza pequeña. Coloque el arroz en el cuenco o en la taza y pulse con fuerza. Invierte el arroz en el plato de servir. Si encuentra que el arroz se pega en el caparazón, simplemente vuelva a untarlo antes de formar cada pirámide.

Observación:

Me gusta el arroz más firme, cocínalo más tiempo si lo prefieres.

Nunca añada agua fría al arroz después de haber empezado a cocinar, ya que hará que se pegue y se endurezca.

38ARROZ RABE DE Brócoli

Arroz de Grelos

La receta básica de arroz de la página anterior es fácil de preparar. Para hacer variaciones del arroz, basta con añadir verduras como el brécol rabe, brécol, coliflor o incluso guisantes y zanahorias unos minutos antes de que finalice el proceso de cocción del arroz. Servicios 6-8

1 manojo pequeño de brécol rabe (lavado y picado)

2 tazas de arroz de grano largo

3 cucharadas de aceite de oliva

1 cebolla pequeña (picada finamente)

2 dientes de ajo (picados)

1 hoja de laurel

4 tazas de agua hirviendo

1 cucharadita de sal

Preparación

Hierva el brécol rabe en agua hirviendo durante unos 5 minutos para reducir la amargura. desagüe.

En una sartén de fondo grueso, sofreír la cebolla, el ajo y el laurel en el aceite de oliva durante unos minutos hasta que la cebolla esté translúcida.

Añada el agua y la sal y déjelo hervir.

Añada el arroz y el brécol rabe. Llevar a ebullición, tapar y cocer a fuego medio durante 15 minutos, removiendo de vez en cuando.

Retirar del fuego, remover, probar para ver si el arroz está cocido y dejar reposar el arroz tapado durante unos minutos para que absorba el exceso de humedad.

Antes de servir, afloja suavemente con un tenedor.

39ARS ESTILO PORTUGAS DE MONTEA VERDE

Arroz de Feijão Verde

Puede utilizar cualquier tipo de judías verdes en esta receta. El arroz va bien con carne, aves o pescado.

Servicios 6-8

2 tazas de judías verdes frescas o congeladas

2 tazas de arroz de grano largo

½ cebolla pequeña (picada finamente)

1 tomate pequeño muy maduro (sin semillas)

2 cucharadas de aceite de oliva

2 tazas de caldo de pollo o verduras

2 tazas de agua hirviendo

1 cucharadita de sal

Preparación

Sofreír la cebolla a fuego medio con el aceite de oliva en una cazuela de fondo medio hasta que esté translúcido.

Agregar el tomate, dejar cocer aproximadamente 1 minuto y triturar con la cuchara o el tenedor.

Añada el agua y el caldo y deje cocer hasta que hierva.

Agregue el arroz y la sal. Tapar y cocer a fuego medio durante 10 minutos.

Tapa el arroz y añade las judías verdes. Remover, tapar y cocer durante 10 minutos más a fuego medio. Remueva de vez en cuando.

Si encuentra que el arroz necesita líquido, añada sólo ½ taza de agua hirviendo o caldo hasta que el arroz esté cocido a su gusto.

40 ARROZ DE GASCAR

Arroz con Grao

Los garbanzos añaden un crujiente de nuevo a este arroz. Combinará bien con pescado o carne.

Servicios 6-8

2 tazas de arroz

4 tazas de agua hirviendo

1 cebolla pequeña (picada)

2 cucharadas de aceite de oliva

1 cucharada de salsa de tomate

1 cucharadita de sal

1 lata pequeña de garbanzos (escurridos y aclarados)

1 cucharadita de perejil (picado finamente) (opcional)

Preparación

En una cazuela media a fuego medio, sofreír la cebolla en aceite de oliva hasta que esté translúcida.

Agregar el arroz y remover para rebozarlo con el aceite de oliva. Deje sofreír el arroz a fuego medio unos 2 minutos.

Agregue el agua, la salsa de tomate y la sal y deje hervir. Reducir el fuego abajo, remover y tapar.

Dejar cocer el arroz a fuego medio durante 15 o 20 minutos, removiendo unas cuantas veces.

Cuando el arroz esté cocido, añadir los garbanzos escurridos, remover, tapar la sartén y dejar reposar el arroz hasta el momento de servir.

41 ARROZ CON TOMATE

Arroz de tomate

Esta receta de arroz es la más popular. Es una combinación perfecta con filetes de pescado al horno, pero también se puede servir con su carne a la brasa o asado.

Servicios 6-8

1 cebolla pequeña (picada finamente)

1 diente de ajo (picado)

2 cucharadas de aceite de oliva

1 hoja de laurel

1 taza de tomates maduros triturados

2 tazas de arroz

4 tazas de agua hirviendo

1 dado de caldo de pollo (opcional)

Perejil para adornar

Preparación

En una cazuela media, sofreír la cebolla, el ajo y el laurel con el aceite de oliva a fuego medio durante unos 2 minutos. Agregar el tomate y dejar cocer hasta que espese y espese. Triture el tomate con un puré de patatas o un tenedor. Si le gustan los tomates gruesos, déjelos tal y como están.

Agregue el arroz, la sal, la pizca de azúcar, el dado de caldo y el agua hirviendo. Incorporar el arroz, tapar y dejar cocer a fuego medio durante unos 15 o 20 minutos, removiendo unas cuantas veces.

Retirar del fuego y reservar hasta el momento de servir.

Observación:

Agregue más tomates si desea más arroz con tomate.

42 PATATAS A ESTILO PORTUGUÉS

Batatas Asadas

El secreto para hacer las patatas asadas perfectas es fregarlas con un buen aceite de oliva y después añadir sal y mantequilla. También añado cebollas que dan a las patatas un sabor dulce y salado. A continuación, dejar cocer a 400 grados, agitando suavemente la sartén cada 15 minutos. Utilice una espátula para darles la vuelta. Dejar cocer más tiempo para obtener una piel muy crujiente. Servicios 8-10

2 libras de patatas cortadas en trozos de 2 pulgadas o patatas nuevas pequeñas

1 cebolla pequeña (picada)

1 cucharadita de sal

1 cucharadita de ajo en polvo

½ cucharadita de pimienta

1 cucharadita de pimentón en polvo

¼ de palo de margarina o mantequilla fundida

¼ taza de aceite de oliva

Preparación

Coloque todos los ingredientes en un cuenco grande. Remover bien para rebozar las patatas.

Coloque las patatas condimentadas en una bandeja media untada y agite la sartén para distribuirlas uniformemente.

Cocine a 400 F durante aproximadamente 1 hora o hasta que el tenedor esté tierno.

Observación:

Tire las patatas cada 15 minutos para obtener una textura crujiente. Utilice una espátula para girar las patatas, no utilizar un tenedor.

43 PATATAS ARRESTIDAS PUNTADAS

Batatas y Murro

Estas patatas en el ajo son un adorno delicioso y tan fáciles de hacer que tal vez no vuelva a pelar una patata nunca más. Lavar y secar, rebozar con aceite de oliva y sal, después cocer. Hago el aceite de ajo poniendo el aceite en una cazuela pequeña o un plato apto para el microondas, hirviendo un minuto o dos, y después arrastrando el aceite sobre las patatas cocidas. Estas patatas se sirven a menudo con bacalao o pescado al horno, pero van de maravilla con cualquier carne.

Servicios 6-8

2 libras de patatas redondas pequeñas (sin pelar)

Sal gorda

4 a 6 dientes de ajo (picados)

½ a 1 taza de aceite de oliva

Preparación

Lavar y fregar las patatas. Retire cualquier imperfección y seque. Pinche en algunos lugares con un tenedor.

Pintar con un chorro de aceite de oliva y frotar con sal marina. Coloque las patatas en una bandeja o sartén pequeña para el horno. Utilizo un plato de horno en la mesa para servirlo fácilmente.

Cocine a 400 F durante 45 minutos a 1 hora, dependiendo de su horno.

Mientras, haga aceite de ajo:

Calentar el aceite en una cazuela pequeña o en el microondas y añadir los ajos. Cocer a fuego lento durante un minuto o dos hasta que los ajos estén un poco dorados. No cocine demasiado o los ajos se amargarán.

Para probar la cocción de las patatas, pincharlas con un tenedor o pulsar suavemente una patata mientras sujeta la manguera del horno. La patata debe quedar blanda.

Cuando las patatas estén listas, picarlas con el puño envuelto con un paño de cocina limpio o con un mazo de carne hasta que salgan.

Observación:

Las patatas están calientes, ¡cuidado!

Cuando esté listo para servir, extienda suavemente las patatas abiertas y vierta el aceite de ajo caliente.

.

44 TORTILLA DE PATATAS CON PRESUNTO

Tortilla de Batata y Presunto

Cuando vivía con mis padres, a menudo me despertaba a las seis de la mañana por el olor del presunto o chouriço de las tortillas que mi madre hacía para comer a mi padre.

Cuando vinieron sus nietos, añadió patatas fritas muy finas a las tortillas. Estas truchas se convirtieron en el almuerzo preferido de los nietos en casa de Avo (la abuela).

Servicios 2-3

6 huevos enteros

2 tazas de patatas fritas o patatas fritas cocidas en rodajas finas

2 rebanadas de Presunto o ½ chouriço picado pequeño

¼ taza de cebolla (picada finamente)

2 cucharaditas de perejil fresco (picado)

Aceite de oliva

Pimienta negra triturada

Queso (opcional)

Preparación

En un cuenco grande, batir los huevos hasta que estén espumosos y añadir las patatas fritas o las patatas. Deje reposar unos 5 minutos para que se suavice.

Mientras, sofreír las cebollas y lo presunto o chouriço en 3 cucharadas de aceite de oliva hasta que estén crujientes a fuego fuerte.

Agregue la mezcla de huevo y patata en la sartén.

Agregue 1 cucharadita de perejil.

Cocer a fuego medio durante 3 o 5 minutos, sacudiendo la sartén para que no se pegue.

Cubra la sartén con una bandeja grande, devuelva la tortilla a la sartén, con la parte cruda hacia abajo, y cocine durante 2 minutos más.

Decore con queso y perejil si lo desea.

45 ENSALADA DE PATATA A ESTILO PORTUGUOS

Ensalada Rusa

Mi madrina me enseñó esta receta cuando era muy pequeño. La primera vez que lo probé no me importó porque contenía guisantes, zanahorias, judías verdes y algo que se llamaba "mayonesa" de la que nunca había oído hablar en mi vida. Ella le llamaba "Ensalada rusa", otra palabra que nunca había oído antes. Hoy, ésta se ha convertido en la ensalada de patatas preferida de mi familia durante los meses de verano. Servicios 6-12

2 ½ libras de patatas peladas o sin pelar (cortadas en dados de 1 pulgada)

½ cebolla pequeña (picada finamente)

1 taza de guisantes frescos o congelados

1 taza de zanahorias frescas o congeladas, cortadas en dados de 1/4 de pulgada

1 taza de judías verdes frescas o congeladas (opcional)

1 cucharada de perejil picado

2 cucharaditas de sal

½ cucharadita de pimienta

½ cucharadita de ajo en polvo

2 cucharadas de condimento para ensalada italiana

½ taza de mayonesa

½ cucharadita de pimentón en polvo

6 huevos duros (opcional)

Preparación

Poner las patatas en agua con sal y dejar hervir. Pasados 5 minutos, añadir las zanahorias y las judías verdes.

Vuelva a hervir las verduras y deje cocer unos 5 minutos más.

Haz agujeros en las patatas para asegurarte de que estén cocidas. Agregue guisantes y cebollas durante los últimos 5 minutos de cocción.

Escurrir las patatas en un colador y dejar enfriar. Cuando se haya enfriado, ponlo en un cuenco grande.

Mezclar todos los demás ingredientes excepto los huevos. Dobla con una espátula de plástico y remueve suavemente para no romper las patatas.

Cortar los huevos en cuartos y añadirlos a las patatas.

Transferir la ensalada a un cuenco y decorar con perejil y un poco de pimentón.

Observación:

Almacenar en la nevera hasta 3 días.

46 HUEVO DE TOMATE Y ENSALADA DE PATATA

Salada de Tomate y Batatas como Ovos

Esta ensalada es fácil de hacer en un cuenco de ensalada y un plato perfecto para sus días ocupados. Durante los meses de verano hago esta ensalada al menos una vez por semana con tomates portugueses de herencia que cultivo en nuestro huerto. Va bien con todo tipo de carnes y pescados a la brasa y puede servirse como ensalada de plato principal.

Para 4-6 personas

6 tomates maduros (en rodajas gruesas o en cuartos)

6 patatas nuevas hervidas (cortadas en dados de 2 pulgadas)

6 huevos duros (en cuartos)

1 cebolla pequeña (cortada en rodajas)

Aceitunas (opcional)

Trajes:

¼ taza de vinagre de vino blanco

¼ taza de aceite de oliva

Salado

Pimienta

2 cucharadas de perejil (picado)

albahaca (picada)

Preparación

Coloque las patatas, los tomates y los huevos en un plato grande para servir.

Poner los ingredientes del aliño en un bote con tapa o en un cuenco y mezclar bien.

Aliñar la ensalada, remover suavemente y servir.

47 Tejido portugués de crustáceos

Mariscada

Éste es el plato de pescado preferido de mi familia, que aprendí de un chef portugués hace muchos años. La combinación de ingredientes y especias combina perfectamente con el marisco fresco y crea un caldo rico y sabroso. El marisco marida perfectamente con el arroz portugués.

Para 2-4 personas

1 bogavante entero sin cocinar (en cuartos)

1 libra de gambas crudas, peladas y desvenadas

1 libra de almejas o almejas pequeñas de cuello (lavados)

½ libra de vieiras

½ libra de calamares (cortados a anillas)

1 cebolla pequeña (picada finamente)

2 dientes de ajo (picados)

¼ taza de aceite de oliva

1 taza de Vinho Verde o vino blanco

1 cucharadita de sal

1 cucharadita de pimentón en polvo

1 taza de caldo de pollo

2 cucharadas de mantequilla

2 cucharadas de cilantro picado (decoración)

Pulse el zumo de limón

Un chorro de salsa caliente (si se desea)

Preparación

Sofreír las cebollas y los ajos con aceite de oliva en una sartén grande y pesada a fuego medio durante un minuto. Agregar el bogavante y dejar cocer a fuego lento durante unos minutos. Añada las almejas, el vino, el pimentón, la sal, el dado de caldo y la pimienta, tapar y dejar cocer 5 minutos.

Agregue el caldo de pollo, las gambas y las vieiras, tape y deje cocer a fuego medio durante 5 minutos más o hasta que se abran las almejas.

Agregue la mantequilla y deje cocer 5 minutos más para que la mantequilla espese la salsa.

Pruebe la salar y añada salsa picante o más condimentos si desea.

Antes de servir, añadir el cilantro bien picado y rociar con un chorro de zumo de limón.

Servir con arroz.

48 GAMBILLAS HERCIDAS EN EL HORNO EN EL ESTILO PORTUGO

Camarao Recheado

Esta receta de gambas rellenas en el horno que aprendí hace muchos años de un chef portugués se ha transmitido a lo largo de los años a mi familia. Los panecillos portugueses son la base del relleno que da una gran textura y sabor. Es perfecto para rellenar pescado, pollo o incluso verduras como setas o calabacines.

Nunca volverás a tirar los viejos papo secos una vez hagas esta receta. Basta con poner los panecillos viejos en las bolsas del congelador para hacerlos más tarde. El relleno se congela muy bien, así que le sugiero que haga un lote doble y que después congele la mitad en bolsas de congelación para la próxima vez que lo haga.

Para 4-6 personas

2 libras de gambas extragrandes (entre 10 y 12 por libra) (peladas y desvenadas con colas)
3 rollos de papo seco (preferiblemente de un día)
15 galletas Ritz u otra marca de galletas de mantequilla
1 paquete de costras de ajo
½ taza de apio (picado finamente)
½ taza de cebolla (picada finamente)

3 cucharadas de aceite de oliva

½ palo (4 cucharadas) de mantequilla fundida

1 libra de gambas crudas pequeñas o medianas (peladas y desvenadas)

¼ taza de vino blanco

1 cucharadita de pimentón en polvo

½ cucharadita de ajo en polvo

½ cucharadita de sal

1 dadito pequeño de caldo de pollo

2 cucharadas de perejil (picado finamente)

Preparación

Preparación de gambas:

Pelar las gambas pequeñas y grandes y ponerlas en cuencos separados. Conserve los caparazones.

Hervir las almejas en 3 tazas de agua y una pizca de sal durante unos 8 minutos. Colar el caldo en un cuenco grande y dejar enfriar. Descartar los caparazones.

En una sartén pequeña, sofreír la cebolla y el apio con aceite de oliva durante 5 minutos hasta que estén translúcidos a fuego medio.

Retire las cebollas y el apio con una cuchara ranurada y deje un poco de aceite de oliva en la sartén. Deje enfriar la mezcla de cebolla en un cuenco pequeño.

En la misma sartén con el aceite de oliva restante, añadir las gambas pequeñas, el dado de caldo, el ajo, la sal y el pimentón.

Cocine durante 1 minuto hasta que las gambas se vuelvan un poco rosadas. Agregar el vino y dejar cocer 3 minutos más hasta que el vino se haya reducido.

Retirar la sartén del fuego y dejar que la mezcla de gambas se enfríe mientras prepara el relleno de pan.

Prepare el relleno:

Cortar el pan en trozos pequeños y añadir al bol con el caldo de gambas.

Triture el pan con los dedos o con un tenedor hasta que queden grumos. El pan debe tener la consistencia de la masa húmeda, como la masa. Si encuentra el pan demasiado seco, añada caldo o agua. Deje que el pan absorba la humedad.

Desmenuzar las galletas con las manos y añadirlas al pan. Agregar las cebollas y el apio enfriado. El relleno estará húmedo, pero si le parece demasiado líquido, añada más pan o galletas.

Agregar las gambas y el perejil al relleno y mezclar bien. Pruebe y añada más sal si es necesario.

Deje a un lado mientras prepara las gambas para rellenar.

Montaje de gambas:

Prepare las gambas grandes sacando cuidadosamente el extremo curvado del corte de mariposa y cortándolas en rodajas.

Untar una bandeja de horno con mantequilla o margarina y poner cada mariposa de gambas hacia arriba en la sartén. Coloque 1 cucharada o más del relleno en el centro de cada camarón.

Coloque los costrones en una bolsa de plástico ziploc. Cierre bien y asegúrese de que no haya aire. Desmenuzar los costrones en muelles muy finos. Esto debería producir aproximadamente 1 y ½ tazas.

Espolvoree 1 cucharadita o más de las cortezas desmenuzadas sobre cada camarón. No tenga miedo de utilizar toda la mezcla de muelle.

Doble suavemente las colas sobre el relleno para formar una forma de "c". Agregue una cucharadita de mantequilla fundida en la parte superior de cada camarón.

Hornear a 375 grados F durante unos 15 a 20 minutos hasta que las gambas se vuelvan rosadas y doradas. Retire inmediatamente las gambas del horno para que no se sequen.

Verter más mantequilla fundida sobre cada camarón antes de servir.

Observación:

Puede dejar las gambas en el horno a fuego muy lento para mantenerlas calientes antes de servirlas. Tenga cuidado ya que se pueden secar si el calor es demasiado alto.

Nunca tire los papos secos viejos, sólo póngalos en bolsas de congelador para hacer este relleno más adelante.

Haga un doble lote del relleno y congele colocándolo en bolsas o cuencos de plástico aptos para el congelador.

49GAMBILLAS CON ARROZ CON MORDIDOS

Arroz de Camarao

Esta receta es suficientemente buena para servir a sus invitados en una ocasión especial, pero también puede hacerla cuando desee una receta rápida y fácil sus días sin carne. El pimentón dulce y el vino blanco aportan un sabor salado a las gambas y maridan perfectamente con el arroz esponjoso. Servicios 6-8

1 cebolla pequeña (picada finamente)

3 cucharadas de aceite de oliva

2 tazas de arroz de grano largo

3 tazas de agua hirviendo

1 taza de caldo de pollo

1 cucharadita de sal

1 taza de guisantes dulces congelados

Entre 1 y 2 libras de gambas peladas crudas medias

1 cucharadita de pimentón en polvo

1 cucharadita de vino blanco

Preparación

En una cazuela gruesa y media, sofreír la mitad de la cebolla con 2 cucharadas de aceite de oliva hasta que quede translúcido a fuego medio.

Agregue el arroz y sofríe durante aproximadamente 1 minuto para rebozarlo con el aceite de oliva. Añada lentamente el agua hirviendo, el caldo, la sal y el caldo de pollo y remover.

Cuando el arroz hierva, tape y reduzca el fuego a medio.

Cocine entre 15 y 20 minutos, removiendo sólo una o dos veces. Tapa y retira del fuego.

Preparación gambas y guisantes:

En una sartén pequeña muy alta, sofreír la cebolla restante con 1 cucharada de aceite de oliva hasta que esté translúcida.

Agregar las gambas y dejar cocer durante aproximadamente 1 minuto o hasta que las gambas se vuelvan rosadas. Agregar los pimientos y el vino y dejar cocer 1 minuto más. Agregue los guisantes, remueva y deja cocer durante 1 minuto.

Incorporar las gambas y los guisantes al arroz y servir.

50 ARROZ DE MARISCO

Arroz de Marisco

La combinación de marisco y arroz cocinado con especias sabrosas y después cocido al horno desarrolla una capa superior crujiente con una textura de nuez. Este plato clásico se sirve a menudo en bodas y celebraciones especiales.

Para 4-8 personas

1 langosta entera fresca (picada)

1 libra de gambas medias sin cocinar (peladas y desvenadas)

½ libra de vieiras

1 libra de vieiras pequeñas de cuello (lavados)

1 libra de almejas (lavados y limpiados)

1 cebolla pequeña (picada finamente)

1 diente de ajo (picado)

1 taza de tomates maduros (aplastados)

½ pimiento rojo pequeño (picado finamente)

1 taza de guisantes crudos

Pellizco de azafrán

1 cucharadita de pimentón en polvo

1 cucharadita de sal

4 tazas de caldo de pollo

2 tazas de arroz de grano largo sin hornear

½ taza de Vinho Verde o vino blanco

Cilantro para adornar (opcional)

Preparación

Precaliente el horno a 350 grados F. Saltear la cebolla, el pimiento rojo y el ajo con el aceite de oliva, en una olla grande y profunda apta para el horno o una cazuela.

Agregar los trozos de bogavante y sofreír unos minutos.

Agregar el vino, los tomates, el pimentón y la sal y dejar cocer unos 5 minutos hasta que reduzca. Agregar el caldo y llevar a ebullición.

Añadimos el arroz y el azafrán y removemos a fuego fuerte unos 5 minutos, removiendo. Pruebe y añada más especies si es necesario.

Retire la sartén del quemador.

Incorporar los guisantes. Coloque las gambas, las vieiras, las almejas y las almejas uniformemente sumergidas sobre el arroz.

Cocer en el horno sin tapar durante unos 30 minutos hasta que el arroz y el marisco estén bien cocidos y las almejas se abran.

51CALLAS CON CHOURIÇO

Ameijoas como Chouriço

Esta combinación de surf y césped con chouriço picante y almejas suculentas hace que sea una salsa picante. Servir con baguette para sumergirlo en el caldo. Servicios 2

2 libras de cuello pequeño o almejas de manila (lavados y fregados)

1 chorizo (cortado en rodajas de ¼ de pulgada)

½ cebolla pequeña (picada finamente)

2 dientes de ajo (picados)

1 tomate pequeño muy maduro (aplastado)

2 cucharadas de aceite de oliva

½ taza de vino blanco

½ cucharadita de piri piri o salsa caliente (opcional)

2 cucharadas de cilantro (picado finamente)

Pulse el zumo de limón

Preparación

Sofreír las cebollas y los ajos y el aceite de oliva en una sartén media hasta que estén translúcidos. Añadimos el chouriço y sofreímos unos 2 minutos.

Agregar los tomates, el vino, la salsa picante y los mejillones. Mezclar, tapar y cocer a fuego medio durante unos 5 a 8 minutos hasta que se abran las almejas.

Termine con un chorro de zumo de limón fresco.

Antes de servir, añadir el cilantro como guarnición.

52 ESTILO COD Á GOMAS DE SA

Bacalao en Gomes de Sa

Este plato es originario de la ciudad de Oporto, Portugal y lleva el nombre de su creador Gomes de Sa. Este clásico es una de las recetas de bacalao más populares y se puede encontrar en las cartas de la mayoría de restaurantes portugueses.

Éste es uno de los platos más solicitados por mis amigos y familiares. Este clásico se sirve más a menudo en la cena de la Consoada de Nochebuena y en muchas celebraciones.

Servicios 6-10

2 libras de bacalao deshuesado

4 libras de patatas pequeñas (peladas y cortadas en rodajas de 1 pulgada)

2 cebollas grandes

3 guantes de ajo picado

1 hoja de laurel

1 cucharadita de sal

1 cucharadita de pimienta

1 taza de aceite de oliva

6 huevos duros

1 taza de aceitunas

2 cucharaditas de perejil picado

2 dientes de ajo picado o 1 cucharadita de ajo en polvo

½ cucharadita de sal para las cebollas

Preparación

Cómo rehidratar el bacalao salado:

Si tiene un bacalao entero, córtelo en porciones de 4 x 6 pulgadas. Aclarar con agua fría y ponerlo cubierto en una olla grande de agua fría en la nevera durante 2 días, cambiando el agua dos veces al día hasta que desaparezca la salada.

Si su bacalao es muy espeso, puede que tenga que ponerlo en remojo más tiempo.

Para comprobar la salar, corte un trocito del bacalao y pruébelo. Debe tener sabor a bacalao, pero aún así quedar un poco salado.

No deje el bacalao en el agua más de 3 días, de lo contrario se volverá harinoso y sin sabor.

Congelar en porciones en bolsas de plástico.

Prepare bacalao y patatas:

Ponga las patatas cubiertas con agua fría en una cazuela grande. Agregar sal, dejar hervir y dejar cocer durante 10 minutos.

Colocar el bacalao sobre las patatas hirviendo y dejar cocer unos 8 minutos o hasta que esté escamosa.

Retirar el bacalao de la sartén y dejar enfriar.

Cuando se haya enfriado, sacamos todos los huesos y cortamos el bacalao en tiras.

Escurrir las patatas y dejar enfriar. Cortar las patatas en rodajas de ¼ de pulgada y reservar.

Preparación de cebollas:

En una sartén grande, sofreír las cebollas picadas, el ajo, ½ cucharadita de sal y el laurel con ½ taza de aceite de oliva hasta que estén dorados.

Retirar la hoja de laurel y dejar enfriar las cebollas unos minutos.

Para montar:

Untamos con aceite de oliva una sartén grande y profunda para el horno. Coloque primero las patatas, después los copos de bacalao y finalmente las cebollas.

Verter aceite de oliva y pimienta por encima de cada capa y terminar con una capa de cebolla por encima. Añada ajo en polvo a cada capa si le gusta el ajo.

Cubrir con papel de aluminio y hornear a 350 grados F durante unos 20 minutos.

Cocine sin tapar durante 5 o 10 minutos más hasta que quede crujiente deseado.

Retire la sartén del horno.

Cortar los huevos en rodajas y ponerlos sobre la capa de cebolla. Añada más sal, pimienta o ajo si es necesario.

Vuelva la cazuela al horno a fuego cálido hasta que esté listo para servir.

Añada perejil, más aceite de oliva y aceitunas como guarnición antes de servir.

53 Bacalao con garbanzos

Bacalao con Grao

El bacalao con garbanzos es una auténtica receta antigua que ha sido una de las formas más populares de comer bacalao durante siglos. A menudo se sustituyen los garbanzos en la receta por los guisantes de ojos negros.

Servicios 2

1 libra de bacalao deshuesado (cortado en porciones de 2 a 8 onzas)

2 tazas de agua

1 rebanada de cebolla

2 tazas de garbanzos cocidos

vinagreta:

¼ taza de aceite de oliva

½ taza de vinagre de vino blanco

1 diente de ajo (picado)

¼ cucharadita de sal

¼ cucharadita de pimienta negra

Guarnición:

2 cucharadas de perejil (picado)

1 cucharada de cebolla (picada finamente)

Preparación

En un cuenco medio, hacer la vinagreta mezclando los ingredientes y reservar.

Mientras, calienta el bacalao en una cazuela media llena de unas 2 tazas de agua y la rodaja de cebolla. Dejar cocer suavemente a fuego medio durante unos 8 o 10 minutos.

Retire el bacalao de la sartén, escúrrelo y tapamos para mantenerlo caliente.

Calentar los garbanzos a fuego lento. Escurrir y poner con el bacalao en un plato de servir.

Verter la vinagreta y servir.

Añada más aceite de oliva y especias si desea.

Añada la guarnición.

54 ESTILO BRAZ COD

Bacalao en Braz

Esta receta, que lleva el nombre de su creador, se originó hace cientos de años en la Estremadura (que significa extremidades), en la región costera del centro de Portugal. Esta costa es conocida por las abundantes aguas de pesca y los vientos constantes que crean oleadas oceánicas récords.

Servicios 2

½ libra de bacalao deshuesado (picado finamente)

2 patatas (peladas y cortadas en cerillas pequeñas)

3 huevos

¼ taza de cebolla cortada en rodajas finas

1 diente de ajo

1 hoja de laurel

1 cucharada de perejil (picado)

Aceitunas para adornar

Sal y pimienta al gusto

2 cucharadas de aceite de oliva

Aceite para freír patatas

Preparación

Freír las patatas en aceite bien caliente y reservar.

Sofreír las cebollas, los ajos y el laurel en aceite de oliva hasta que estén translúcidos.

Incorporar el bacalao a las cebollas y dejar cocer durante aproximadamente 1 minuto. Retire la hoja de laurel. Agregue los huevos y deje cocer a fuego muy lento hasta que esté ligeramente cocido.

Incorporar suavemente las tiras de patatas y el perejil en los huevos.

Agregue sal y pimienta al gusto. Decore con aceitunas y perejil.

55 Bacalao al horno CON PATATAS Y CEBOLLA

Bacalao Assado

El bacalao, las patatas y el aceite de oliva son una combinación hecha en el cielo. Este plato es una de las recetas de bacalao más populares y se sirve tradicionalmente para la cena de Nochebuena. Ésta es la receta de mi hermana Isabel. Para 4-6 personas

4 porciones (de 6 a 8 oz) de bacalao con hueso

De 12 a 20 patatas redondas pequeñas

2 cebollas grandes (cortadas en rodajas)

1 pimiento grande

½ a 1 taza de aceite de oliva

1 hoja de laurel

4 dientes de ajo (picados)

Pimienta negra

2 cucharaditas de perejil picado

Aceitunas negras para adornar

Preparación

Precaliente el horno a 400 grados F.

Lavar y secar las patatas, cortarlas en cuartos y hervirlas unos 10 minutos. Escurrir y reservar.

Cubra el fondo de una sartén grande con unas cucharadas de aceite de oliva.

Ponga el bacalao en la sartén y rodéalo con las patatas.

Verter el bacalao con las cebollas cortadas en rodajas, los pimientos, el ajo y el laurel y un chorro con el aceite de oliva restante. Hervir durante 35 minutos.

Pinchar las patatas para que estén cocidas. Si no están del todo cocidos, retirar el bacalao de la sartén y dejar que las patatas se cuezan más tiempo.

Cuando esté listo para servir, adornar con aceitunas negras, aceite de oliva de la sartén y perejil.

56 ESTILO COD Á ZÉ DO PIPO

Bacalao à Ze do Pipo

Originario de la ciudad de Oporto, este plato lleva el nombre de su creador, Zé do Pipo, propietario de un famoso restaurante de esta ciudad en los años 60. El chef ganó un concurso nacional de cocina con esta receta y desde entonces muchos restaurantes le han incluido en sus menús. Para 4-6 personas

1 libra de bacalao (cortado en 4 porciones)

8 patatas grandes (peladas y cortadas en cuartos)

1 cucharadita de sal

½ taza de aceite de oliva

1 cebolla grande en rodajas

1 diente de ajo cortado en dados

1 hoja de laurel

¼ taza de harina para hornear el bacalao

2 cucharadas de mantequilla

1 taza de leche

1 yema de huevo

½ taza de mayonesa

1 pimiento rojo asado pequeño

Aceitunas negras

perejil

Preparación

Hervir las patatas en agua hirviendo durante unos 25 minutos. Retirar del fuego, escurrir y añadir la leche, la mantequilla, la yema de huevo y la pimienta. Hacer puré y reservar.

Sumerge el bacalao en la harina y fríelo con aceite de oliva a fuego medio hasta que esté dorado. Ponerlos sobre papel de cocina para quitar el exceso de aceite.

Sofreír las cebollas, los ajos y el laurel con el mismo aceite de oliva que ha utilizado para freír el pescado hasta que estén ligeramente dorados. Retire la hoja de laurel.

Coloque las porciones de bacalao en una cazuela grande apta para el horno o en ramequines individuales.

Pintar el bacalao con la mezcla de cebolla y rodear con el puré de patatas. Cubra cada pieza con unas cucharadas de mayonesa seguida de una rodaja de pimiento rojo.

Hornear a 350 grados F durante 20 minutos hasta que la mayonesa se vuelva dorada.

Decore con aceitunas y perejil.

57 BOOSTER ESTILO ESPAÑOL

Bacalao como Molho à Espanhola

Mi madre aprendió esta receta de los vendedores ambulantes españoles que a menudo pasaban la noche en su cama y almuerzo. También aprendió a hablar castellano de ellos, algo que me sorprendió. Puede sustituir el bacalao por cualquier pescado escamoso en esta receta, pero sólo añada el pescado al arroz durante los últimos 5 minutos de cocción. Para 4-6 personas

1 libra de bacalao deshuesado

2 tazas de arroz de grano largo

1 cucharadita de sal

2 cucharadas de aceite de oliva

1 cebolla pequeña cortada en dados

1 pimiento rojo pequeño (en rodajas finas)

1 hoja de laurel

1 pimiento verde pequeño (en rodajas finas)

2 pequeños tomates maduros triturados

2 dientes de ajo (picados)

2 cucharaditas de perejil (picado)

Salado

Pimienta

Aceitunas negras

Preparación

Cocer el bacalao en 4 tazas de agua hirviendo durante 8 a 10 minutos. Escurrir, reservando el agua y cortar el bacalao en tiras y reservar.

Sofreír las cebollas, el ajo, el pimiento y el laurel en el aceite de oliva en una sartén media durante unos 3 minutos hasta que estén translúcidos.

Agregar los tomates y el bacalao y dejar cocer a fuego medio entre 5 y 8 minutos. Reservar hasta que el arroz esté hecho.

Preparación del arroz:

Poner las 4 tazas de agua en una cazuela grande y dejar hervir. Agregue 1 cucharadita de sal y el arroz. Reducir el fuego a medio, tapar y cocer durante 15 minutos.

Agregue el bacalao al arroz y remueva para incorporarlo. Cocer a fuego lento unos 5 minutos hasta que se absorban los sabores.

Pruebe y añada más condimentos si es necesario.

Decore con perejil y aceitunas antes de servir.

58 FILETES DE PESCADO FRITOS EN LA PAella

Filetas de Pescado

Portugal es una nación marinera con una industria pesquera bien desarrollada. Tiene el mayor consumo de pescado per cápita de Europa y se encuentra entre los cuatro primeros del mundo. Esta receta crea un pescado al horno ligeramente rebozado con un sabor a limón que combina perfectamente con el arroz portugués. Para 4-6 personas

2 libras de filetes de pescado (preferiblemente bacalao o eglefino, pero puede utilizar cualquier pescado blanco escamoso) (cortado en porciones de ½ pulgada de espesor)

2 huevos

1 cucharada de agua

Harina

Sal y pimienta

½ cucharadita de ajo en polvo (opcional)

1 limón

1 taza y ½ de aceite para freír (preferiblemente maíz o vegetal)

1 cucharada de aceite de oliva

Rodallos de limón

Preparación

Condimentar el pescado con sal, pimienta y ajo. Pulse el zumo de la mitad del limón sobre el pescado y reserva unos 5 minutos. (No deje reposar el pescado en el limón durante más de unos minutos o la acidez lo disolverá).

Batir los huevos con el agua en un cuenco medio.

Ponga la harina en un cuenco medio. Con un método de mano seca y húmeda, pincelar el pescado con el huevo, sacudir el exceso y dragarlo con harina.

Poner el aceite en una sartén pesada a ½ pulgada de profundidad. Calentar a medio. Pruebe el aceite pegando una punta del solomillo de pescado al aceite. Brillará cuando esté hecho.

Freír de 4 a 6 piezas de pescado en lotes al aceite caliente durante unos 4 minutos por lado hasta que estén doradas. Ajuste el fuego si el pez se dora demasiado rápidamente.

Ponga los filetes sobre papel de cocina para que absorban la grasa.

Decore con rodajas de limón antes de servir.

59 CALAMARES COCIDOS

Lulas Guisadas

Los calamares de esta receta se cuecen en un caldo de tomate y vino, haciéndolos tiernos y jugosos. Esta receta me enseñó por primera vez hace muchos años mi encantadora suegra cuando acababa de casarme, ya que era uno de los platos preferidos de mi marido.

Para 4-6 personas

2 libras de calamares limpiados

1 chouriço pequeño (en rodajas)

¼ taza de aceite de oliva

1 cebolla grande (cortada en rodajas)

1 pimiento rojo grande

2 hojas de laurel

4 dientes de ajo (picados

1 taza de tomates muy maduros (aplastados)

1 taza de vino blanco

Exprima de limón

2 cucharadas de perejil (picado)

Preparación

Cortar los calamares en anillas de aproximadamente una pulgada de grosor y cortar los tentáculos.

Sofreír la cebolla, el ajo, el pimiento y el laurel en el aceite de oliva. Agregar los tomates, el vino, la sal y la pimienta y dejar cocer unos minutos.

Agregar los calamares y el chouriço y dejar cocer a fuego lento durante unos 20 o 30 minutos, removiendo a menudo hasta que los calamares se ablanden. Añada agua si observa que la salsa se hace demasiado espesa.

Servir con patatas hervidas.

Decore con un chorrito de limón y perejil antes de servir.

60CALAMARES EN EL AJO

Lulas Grilladas

Este calamar a la plancha está en el ajo, dulce y tierno. Se cuecen en pocos minutos por cada lado, así que no los cuece demasiado. Para 4-6 personas

2 libras de calamar crudo limpio (cortado longitudinalmente en tiras de 2 pulgadas)

1 cucharadita de sal

Pimienta

Aceite de oliva

vinagreta:

½ taza de aceite de oliva

½ taza de vinagre de vino blanco

5 dientes de ajo (picados)

2 cucharadas de cebolla (picada finamente)

Salado

Pimienta

2 cucharadas de perejil (picado finamente)

Preparación

Aliñar los calamares y tentáculos con sal y pimienta y untar con aceite de oliva.

Grillo sobre carbón o parrilla de gas muy caliente durante unos 4 minutos por tamaño hasta que estén dorados y reservar en una bandeja caliente.

Mientras, prepare la vinagreta en un cuenco pequeño mezclando bien todos los ingredientes.

Verter la vinagreta sobre los calamares cocidos. Decorar con perejil.

Servir con patatas hervidas, al horno o arroz.

61 Tejido de marisco portugués

Caldeirada de Pescado

La costa de Portugal es rica en marisco cosechado por los pescadores. El pescado y el marisco son el principal ingrediente de muchos de los platos nacionales. Se dice que esta sopa de una olla proviene de estos pescadores durante sus expediciones en el océano Atlántico. Contiene los sabores del marisco y las especias traídas de las exploraciones en todo el mundo. Para 4-6 personas

1 libra de patatas (cortadas en dados de 2 pulgadas)

2 cucharadas de aceite de oliva

3 cebollas medias (en rodajas finas)

1 pimiento rojo (picado finamente)

3 dientes de ajo (picados)

2 hojas de laurel

3 tomates muy maduros (aplastados)

1 taza de Vinho Verde o vino blanco

1 taza de caldo de pollo o pescado

2 o 3 tazas de agua

½ libra de gambas (peladas y desvenadas)

½ libra de vieiras pequeñas de cuello (lavados)

½ libra de lisa fresca en pescado (cortada en trozos de 2 pulgadas)

½ libra de pescado blanco escamosto deshuesado (cortado en trozos grandes de 2 pulgadas)

½ libra de calamares (limpiados y cortados en anillas de 1 pulgada)

2 cucharaditas de sal

½ cucharadita de pimentón en polvo

Cilantro para adornar

Preparación

En una cazuela grande y gruesa, sofreír la cebolla, el ajo, el laurel y el pimiento en el aceite de oliva durante unos 5 minutos hasta que estén translúcidos.

Agregar los tomates, los pimientos y el vino y dejar cocer unos 5 minutos hasta que el vino espese. Agregar las patatas, el caldo y el agua y dejar cocer a fuego fuerte unos 15 minutos.

Agregar el marisco, por capas, primero el pescado al hueso, después los calamares, las almejas y finalmente el pescado blanco escamosto.

Tapa y cocine a fuego medio durante unos 10 o 15 minutos a fuego medio hasta que se abran las almejas.

Pruebe y añada más especies si es necesario. Espolvorear con cilantro picado antes de servir.

62 ARROZ DE POP

Arroz de Polvo

Mi madre era una cocinera frugal y muy creativa en la cocina cuando se trataba de restos. Ésta es su receta y uno de mis arroces preferidos con restos de pulpo de la cena de Nochebuena de nuestra familia. Servicios 6-8

1 libra de pulpo cocido (picado)

1 cebolla pequeña (picada)

1 diente de ajo (picado)

2 cucharadas de aceite de oliva

1 tomate pequeño muy maduro (aplastado)

2 tazas de arroz de grano largo sin hornear

4 tazas de caldo de pollo caliente

½ cucharadita de sal

Perejil para adornar

Preparación

En una sartén gruesa, sofreír la cebolla y el ajo con el aceite de oliva a fuego medio hasta que estén translúcidos.

Agregar el pulpo y el tomate y sofreír unos minutos para que se infusen los sabores.

Agregue el arroz y el caldo caliente y deje hervir a fuego fuerte. Reducir el fuego a medio, remover, tapar y cocer durante unos 15 minutos.

Si observa que el arroz se ha secado y debe cocer más tiempo, añada más caldo o un poco de agua hirviendo.

Añadir más especias si es necesario, adornar con perejil y servir.

63 PULPO AL HORNO CON PATATAS

Polvo Assado con Batatas

El pulpo se cosecha en las aguas costeras de Portugal y se considera una delicia. Algunos chefs golpeaban los tentáculos con un martillo, y algunos sugieren añadir un tapón de vino al líquido de cocción para tierno. Lo cocino con una cebolla entre 1 y 1,5 horas, pero algunos tardan más. Esta receta se sirve a menudo en Nochebuena, pero también se puede comer durante todo el año. Para 4-6 personas

2 libras de pop

1 cebolla grande

1 cebolla grande (picada)

2 libras de patatas redondas pequeñas (lavadas y secas)

1 pimiento rojo grande (picado finamente)

3 dientes de ajo (picados)

½ taza de aceite de oliva

¼ taza de aceite de oliva

1 cucharada de vinagre blanco

1 cucharadita de sal

1 cucharadita de pimienta

1 hoja de laurel

Perejil para adornar

Preparación

Cocine el pulpo entero hirviéndolo con la sal y la cebolla en agua suficiente para cubrirlo con 2 pulgadas adicionales de agua. Cocine durante 1 hora o más hasta que el pulpo esté cocido.

Colocar las patatas en una bandeja de horno profunda y aliñarlas con sal y pimienta. Encima con ½ de la cebolla picada cruda y ½ taza de aceite de oliva y cocinar a 400 F durante unos 30 minutos, agitando la sartén de vez en cuando.

Sofreír la cebolla restante, el pimiento rojo, el ajo y el laurel en ¼ de taza de aceite de oliva durante unos 5 minutos. Agregar el vinagre y dejar cocer un minuto. Dejar a un lado.

Cuando el pulpo esté cocido, escurrirlo y añadirlo a la sartén con las patatas.

Verter la mezcla de cebolla sobre las patatas y el pulpo.

Cocine a 350 grados F hasta que las patatas estén completamente cocidas.

Decore con perejil picado antes de servir.

64 CONEJO MODADO CON ARROZ

Arroz de Coelho

El conejo tiene más proteínas que la carne de ternera y es menor en colesterol y calorías que cualquier otra carne. Puede encontrar conejo fresco en muchas carnicerías y tiendas especializadas. Para 4-8 personas

1 (2 a 3) libres de conejo fresco (cortado en trozos pequeños)
2 tazas de arroz de grano largo
2 cucharaditas de sal
Pimienta
¼ taza de aceite de oliva
1 cebolla pequeña (picada)
1 tomate pequeño (aplastado)
1 diente de ajo (picado)
1 hoja de laurel
1 rama de romero fresco
½ taza de vino tinto
4 tazas de agua hirviendo
Perejil para adornar

Preparación

Marinar el conejo con sal, pimienta, romero y el vino blanco y dejar en la nevera al menos 1 hora o toda la noche.

En una cazuela grande y gruesa, sofreír las cebollas, los ajos y las hojas de laurel con aceite de oliva hasta que estén translúcidos.

Escurrir el conejo, retirar el romero, reservar la marinada y añadir la carne a la sartén con la cebolla. Freír a fuego medio y dorar el conejo por cada lado.

Agregue la marinada reservada, 1 taza de agua y el tomate. Cocer a fuego medio durante 45 minutos, removiendo a menudo.

Agregue el arroz y remueva para incorporar los sabores. Agregue el agua hirviendo a la cazuela, remueva y tape.

Cocer a fuego medio durante 20 minutos, removiendo a menudo hasta que esté tierno. Puede que tenga que añadir más agua hirviendo si el arroz debe cocer más tiempo.

Destapar, remover y añadir especias si es necesario.

Decorar con perejil y servir

65 VERANO CAZADOR DE CONEJO

Coelho en Cacador

Este guiso de conejo es una receta clásica que hacía mi madre para ocasiones especiales. Es fácil de hacer porque se cocina en una sartén.

Para 4-6 personas

2 a 3 libras de hueso en la carne de conejo (picada)

1 cebolla grande (picada)

2 tomates grandes muy maduros

2 dientes de ajo (picados)

1 taza de vino tinto

1 o 2 tazas de agua

2 hojas de laurel

1 cucharadita de sal

1 cucharadita de pimienta

1 cucharada de aceite de oliva

Preparación

Marinar el conejo con todos los ingredientes excepto los tomates en un cuenco grande. Refrigerar durante la noche.

Retire el conejo de la nevera 30 minutos antes de cocinarlo.

Calentar el aceite en una sartén muy grande para el horno. Escurrir el conejo y reservar la marinada.

Cocine el conejo en la sartén a fuego medio hasta que esté dorado por ambos lados.

Agregar las cebollas, la marinada restante y los tomates y dejar cocer a fuego medio durante 20 minutos.

Añada un poco de agua si es necesario para diluir la salsa.

Añada 1 o 2 tazas de agua y continúe la cocción. Añada más agua si la salsa se seca.

Calentar el horno a 350 grados F.

Pon la sartén en el horno y asa el conejo durante aproximadamente 1 hora hasta que la carne caiga del hueso.

Servir con arroz o patatas hervidas.

66 POLLO AL PIMIENTA ROST

Franko Assado

Las cenas del domingo en una casa portuguesa suelen incluir un pollo asado, y cada cocinero de su casa tiene su propia técnica. Esta receta es fácil de preparar y siempre sale perfecta. Puede ser creativos y añadir sus propias especies para hacerlo suyo. Sirva con mi receta de patata asada o arroz. Para 4-6 personas

1 pollo asado grande

2 cucharaditas de sal

1 cucharadita de pimienta

2 cucharaditas de ajo en polvo

2 cucharaditas de pimentón en polvo

1 cebolla pequeña (en cuartos)

1 tallo de apio pequeño (picado)

½ de un limón

2 cucharadas de aceite de oliva

1 cucharada de mantequilla o margarina

1 rama de perejil fresco

½ taza de vino blanco

Preparación

Mezclar las especias juntas en un cuenco pequeño.

Lavar el pollo y secarlo. Frotar el pollo con aceite de oliva y margarina y espolvorear con las hierbas.

Poner la cebolla, el apio y el perejil en la cavidad. Verter el vino en la cavidad. Pulse el zumo de limón sobre el pollo y coloque la piel en la cavidad.

Deje marinar el pollo en el refrigerador durante al menos 2 horas, durante la noche.

Cuando esté listo para cocinar, coloque el pollo marinado a temperatura ambiente en una sartén grande.

Cocine a 400 grados F durante 1 hora y media para un pollo pequeño de 3 a 4 libras.

Observación:

Aunque el temporizador del pollo puede aumentar, deje que el pollo se cueza más tiempo hasta que esté crujiente y dorado.

67 POLLO EN EL ROMERO CON LIMÓN Y PIBRENZÓN

Frango Assado con Alecrim

Hago un pollo asado al menos una vez por semana y nunca decepciona. He incorporado pimentón a este plato de pollo con romero, que añade un poco de dulzura y va bien con el limón picante.

Hierva los boniatos junto con el pollo en la misma cazuela. Para 4-6 personas

1 pollo asado (3-4 libras)

1 limón

2 cucharaditas de aceite de oliva

1 cucharadita de sal

1 cucharadita de ajo en polvo

1 cebolla pequeña (picada)

2 cucharadas de margarina

1 cucharadita de pimentón en polvo

1 cucharadita de romero fresco o seco

3 o 4 boniatos (opcionalmente cortados por la mitad)

Preparación

Lavar el pollo y secarlo. Cortar el limón por la mitad y presionar el zumo de una mitad sobre el pollo. Poner la cáscara y la mitad de la cebolla picada en la cavidad.

En un cuenco pequeño, combinar la sal, el ajo en polvo, el pimentón y el romero y mezclar bien. Roza la mezcla de especias sobre el pollo.

Poner la margarina debajo del pecho y sobre el pollo. Espolvorear con la cebolla restante y regar con aceite de oliva.

Coloque el pollo en una sartén grande rodeado de patatas.

Hornear a 400 grados F durante 1 y ½ a 2 horas hasta que la piel del pollo se haya vuelto dorada y crujiente. Mientras el pollo se cocina, vierta las gotas sobre las patatas cada media hora.

Cuando el pollo esté cocido, córtelo en el muslo. Si los zumos están claros, el pollo está hecho. La temperatura en un termómetro de carne debería leer entre 180 y 190 grados.

Observación:

Dejar reposar unos 8 minutos antes de cortarlo. Es posible que note que su temporizador ha terminado, pero deje que el pollo se cueza más tiempo para obtener un color dorado crujiente.

68 POLLO A LA PARRILLA

Frango no Churrasco

Frango Churrasco es popular para comer en verano, hacer picnics familiares y festivales. Hay muchos restaurantes llamados Churrasqueiras en todo Portugal y en las comunidades de inmigrantes portuguesas que sólo venden pollo a la brasa en el menú.

Hay muchas recetas diferentes para este plato, desde sal y pimienta hasta añadir orégano y romero. Mi receta combina las clásicas especias portuguesas de sal, pimienta, ajo, pimentón y salsa de piri piri en vino blanco.

Para 4-6 personas

2 pollos freidores pequeños (de 3 a 4 libras cada uno)

4 dientes de ajo triturados

2 cucharaditas de sal

1 cucharada de pimentón en polvo

½ taza de vino blanco

Zumo de medio limón

2 cucharadas de piri piri o una salsa caliente

2 cucharadas de aceite de oliva

Marinada para untar en el pollo:

2 cucharadas de mantequilla o margarina

½ taza de vino blanco

Sobra de marinada

Preparación

Mariposa el pollo cortándolo en la espina y partiéndolo por el pecho.

Mezclar la sal, la pimienta, el ajo, la pimentón, el vino limón y la salsa piripiri en un cuenco pequeño.

Pintar el pollo con la marinada. Colóquelo en una sartén poco profunda o bolsa de plástico y refrigere durante al menos 2 horas o mejor durante la noche.

Retire el pollo de la nevera al menos 30 minutos antes de cocinarlo en la parrilla.

Cuando esté listo para cocinar, retira los pollos de la sartén y reserva la marinada.

Coloque la piel del pollo hacia arriba en la parrilla caliente. Cierre la parrilla y deje cocer el pollo durante 10 minutos.

Compruebe el pollo cada 5 minutos y manténgalo lejos de las llamas.

En una cazuela pequeña, combinar la marinada que quede con la mantequilla y ½ taza de vino y dejar hervir en la parrilla y poner en la parrilla para que se mantenga caliente antes de arrozar el pollo.

Cocine el pollo durante unos 45 minutos a 1 hora. Cepilla con la marinada restando cada pocos minutos hasta que esté cocida.

Observación:

También puede cocinar el pollo en el horno a 350 grados F durante 10 minutos si es necesario.

69POLLATRO PIRIO PIRIO EN EL HORNO

Frango Piri Piri

El pollo Piri Piri sale jugoso y sabroso con una patada picante. Si no puede cocinar a la parrilla en el exterior durante los meses de frío, cocer este pollo debajo del grillo del horno durante 10 minutos y, a continuación, termine en el horno.

Para 4-8 personas

2 pollos freidores pequeños (aproximadamente 3 libras cada uno)

2 cucharaditas de sal

1 cucharadita de pimienta

1 cucharadita de ajo en polvo

1 cucharadita de pimentón en polvo

2 cucharadas de piri piri o una salsa caliente

¼ taza de vinho verde o vino blanco

Preparación

Marinar los pollos con todos los ingredientes y refrigerarlos durante la noche o al menos 2 horas antes de cocinarlos.

Coloque los pollos, con la piel hacia arriba, en una bandeja grande para asar o cocer. Cocer en el horno hasta que la piel esté dorada, unos 10 minutos.

Observación: Deje la puerta del horno abierta un poco para que pueda mantener los ojos puestos en el pollo y no se queme ni fume.

Apague la parrilla y ponga el horno a 400 grados F.

Coloque el pollo en la rejilla del horno central y cocine durante 1 hora o hasta que el pollo esté completamente cocido y crujiente.

Servir con más salsa caliente para sumergirlo, si lo desea.

70 POLLO A LA PORTUGUEZ CON ARROZ

Arroz de Frango

Mi padre odiaba tanto las patatas que mi madre cocinaba arroz para nuestras cenas familiares muchos días de la semana, incluido este plato de pollo y arroz. Lo teníamos tantas veces que mi padre decía a menudo; "¡Estamos comiendo tanto pollo que pronto tendremos alas!" Para 4-6 personas

1 pollo frito pequeño de 3-4 libras (cortado en unos 10 trozos)

2 tazas de arroz de grano largo

1 cebolla pequeña (picada)

1 diente de ajo pequeño (picado)

1 hoja de laurel

2 zanahorias grandes (picadas)

1 tomate pequeño muy maduro

¼ taza de aceite de oliva

1 cucharadita de pimentón en polvo

1 cucharada de sal

1 pizca de pimienta negra

½ taza de vino blanco

1 cubo de caldo de pollo

5 tazas de agua hirviendo

Preparación

Lavar y secar el pollo y sacar el exceso de piel del pollo. Marinar con sal, pimienta, pimentón, vino y refrigerar por lo menos 2 horas o toda la noche.

Cuando esté listo para cocinar, sofreír la cebolla y el ajo con el aceite de oliva en una cazuela gruesa o una sartén profunda hasta que estén translúcidos.

Agregar el pollo, las zanahorias, el tomate y el laurel. Cocine a fuego medio hasta que el pollo se dore, girándolo de vez en cuando.

Agregue el vino, 2 tazas de agua, el caldo y la marinada restante. Remover, tapar y dejar cocer durante al menos 40 minutos.

Pasados los 40 minutos, añadir las 3 tazas de agua hirviendo, dejar hervir y añadir el arroz. Remueva, espere a que hierva el arroz, remueva, tape y deje cocer a fuego medio durante unos 15 minutos.

Retirar del fuego y dejar reposar tapado hasta el momento de servir.

71 TURQUÍA ROSA EN EL ESTILO PORTUGUOS

Perú Assado

Las especias portuguesas mejoran el pavo en esta receta y le dan un sabor de pimentón salado. Hay muchas variaciones para preparar el pavo de Acción de Gracias, pero esta receta la aprendí cuando era muy pequeño viendo a mi madre preparar el pavo el día antes de la Acción de Gracias, el primer año que llegamos a América. Servicios 10-12

1 (15) libras de pavo

2 cucharadas de sal

1 limón

1 cebolla grande

1 tallo grande de apio

3 ramitas grandes de perejil

1 zanahoria grande

¼ taza de aceite de oliva

1 cucharadita de ajo en polvo

1 cucharada de pimentón en polvo

1 cucharadita de pimienta

2 cucharadas de mantequilla

½ taza de Vinho Verde u otro vino blanco

3 tallos de apio

1 cebolla grande

Preparación

Retire el envase y saque el cuello y los pequeños de las dos cavidades del pavo.

Lavar el pavo, el cuello y las pequeñas con agua bien fría. Mantenga el cuello y las entrañas en existencias para un uso posterior. Roza el pavo uniformemente por dentro y por fuera con la sal.

Cortar los limones por la mitad y frotar el pavo por dentro y por fuera, exprimir el zumo mientras frote. Coloque las cáscaras en la cavidad.

Repartir la mantequilla por debajo de la piel del pecho y por encima del pavo y por encima con el pimentón, la pimienta y el ajo en polvo, dejando un poco para marinar la cavidad.

Poner el apio, la cebolla y la zanahoria en la cavidad. Roza el pavo con el aceite de oliva.

Poner en el frigorífico y dejar marinar durante la noche.

Precaliente el horno a 350 grados F.

Retire el pavo de la nevera al menos 30 minutos antes de cocinarlo.

Coloque unas ramas de apio y unas rodajas de cebolla en el fondo de una cazuela grande con tapa y ponga el pavo.

Observación:

Un pavo medio de unos 15 libras tardará unas 3 horas en cocinarse a 350 grados.

Aunque tu temporizador puede aparecer, quizás no quiere decir que esté completamente cocido, prueba el pavo con un termómetro. Debería alcanzar los 165 grados F.

Marinar el pavo cada hora con los zumos de la cocción.

Si le gusta una piel dorada oscura en su pavo, saque el papel de aluminio durante los últimos 30 minutos de cocción.

Deje reposar el pavo al menos 20 minutos antes de cortarlo.

No tire el líquido de cocción. Guardar para hacer una salsa casera.

Calentar el pavo con un poco de pollo caliente o caldo de pavo.

Nota: una prueba sencilla para ver si el pavo está hecho:

Estirar el muslo lejos del cuerpo; si el fémur no se rompe fácilmente, continúe cocinando el pavo.

salsa de pan:

Haga una salsa de sartén simplemente colando los zumos en una cazuela pequeña. Deje reposar los zumos durante unos minutos y elimine el exceso de grasa de la parte superior.

Agregar unas cucharadas de harina y dejar cocer a fuego lento al menos 5 minutos, removiendo constantemente, hasta que la salsa quede espesa.

Agregue un poco de nata o leche para hacer una salsa más ligera.

72 CERDO MODERADO Y CLIZAS ESTILO ALENTEJANA

Carne de Porco en Alentejana

Esta receta tradicional se puede encontrar en las cartas de los restaurantes portugueses de todo el mundo. El nombre "Alentejana" significa que el plato proviene de la región del Alentejo de Portugal. El origen del nombre, "Além-Tejo", se traduce literalmente como "Más allá del Tajo" o "A través del Tajo".

La región está separada del resto de Portugal por el río Tajo y se extiende hacia el sur donde limita con Algarve. El nombre de Carne de Porco Alentejana era para distinguir que el cerdo utilizado en el plato proviene de la región del país donde se produce el cerdo negro ibérico. La carne del cerdo ibérico tiene un mayor contenido en grasa, lo que hace que la carne sea más tierna y sabrosa.

Mi marido siempre dice; "Como la Jell-O, siempre hay sitio para la Carne Alentejana!"

Servicios 6-8

2 libras de lomo de cerdo deshuesado (cortado en 2 dados)

1 cebolla pequeña picada

½ cucharadita de comino en polvo

2 dientes de ajo picados

1 cucharadita de pasta de pimentón (opcional)

1 y ½ cucharadita de sal

¼ taza de aceite de oliva

1 hoja de laurel

1 taza de vino blanco o Vinho Verde

1 cucharada de pimentón ahumado

1 cubo de caldo de pollo

2 cucharaditas de piri piri o salsa caliente

4 tazas de patatas crudas cortadas en dados de 2 pulgadas

2 libras de vieiras de cuello frescas pequeñas

Aceite para freír patatas

guarnición opcional:

½ taza de verduras Giardiniera

Cilantro fresco picado

Olivas

Preparación

Salpimentar la carne de cerdo en un cuenco grande, con; sal, ajo, laurel, pimentón, comino, pimentón y ½ taza de vino. Remover bien y dejar marinar durante al menos 2 horas o refrigerar durante la noche.

Antes de empezar a cocinar la carne de cerdo, freír las patatas en aceite caliente hasta que estén doradas y rectificar de sal. Dejar a un lado.

Poner las almejas en un cuenco con agua fría y 1 cucharada de sal. Deje reposar la carne de cerdo en la nevera durante aproximadamente ½ a 1 hora.

Retire la carne de cerdo de la nevera 30 minutos antes de cocinarla.

Caliente una sartén grande o wok a fuego alto con ¼ taza de aceite de oliva. Agregar las cebollas y dejar cocer durante aproximadamente 1 minuto. Escurrir la carne de cerdo, reservar la marinada y añadir a las cebollas. Deje dorar la carne por todos los lados unos 5 minutos.

Lavar y secar las almejas. Agregar la carne de cerdo junto con el vino y el adobo restante. Cubrir y cocer a fuego medio hasta que las almejas se abran, unos 10 minutos. Añada más vino y salsa caliente si desea. Cuando la carne de cerdo esté cocida, añadir las patatas al horno y remover suavemente a fuego lento para absorber los sabores.

Añada la guarnición como desee y sirva.

Observación:

No cocine demasiado la carne de cerdo o se secará.

73 LOMO DE CERDO RELLENO DE PRESUNTO

Lombo de Porco Recheado como Presunto

Presunto y relleno de queso añaden un sabor salado y ahumado al lomo de cerdo, y la cebolla caramelizada y la reducción de vino de Oporto aportan dulzura para equilibrar la salar del presunto.

Este es un plato de ocasión especial que hará muy felices a sus invitados. Yo sirvo a este cerdo con patatas asadas, pero también acompaña al arroz.

Servicios 6-8

1 (3 o 4 libras) de lomo de cerdo deshuesado

6 rebanadas de presunto o prosciutto (cortada en dados)

1 taza de espinacas (picadas) opcional

3 cucharadas de perejil fresco (picado finamente)

2 dientes de ajo (picados)

3 rebanadas de su queso favorito

4 cucharadas de aceite de oliva

½ taza de pan rallado

½ cucharadita de sal

1 cucharadita de ajo en polvo

1 cucharadita de pimentón en polvo

Ingredientes cebolla caramelizada:

1 cebolla grande cortada en rodajas

½ taza de vino tinto

½ taza de Vinho do Oporto (vino de Oporto)

2 cucharadas de mantequilla

Preparación

Poner el presunto, las espinacas, el pan rallado, 2 cucharadas de aceite, el perejil y el ajo en un cuenco pequeño y mezclar bien.

Dobla suavemente el solomillo y extienda plano sobre una tabla de cortar.

Repartir el relleno de espinacas uniformemente sobre la carne de cerdo y enrollar suavemente la carne de cerdo en forma de tronco. Liga con una cuerda o utiliza brochetas largas para mantener la carne de cerdo.

Condimentar la carne de cerdo con sal, ajo en polvo y pimentón.

Colocar la carne de cerdo enrollada en una sartén y dorarla uniformemente con las 2 cucharadas de aceite de oliva restantes. Retirar de la cazuela y poner en una cazuela.

cebolla caramelizada:

Dorar las cebollas en la misma sartén durante 1 minuto. Añade el vino tinto, lo llevo y la mantequilla. Continúe cocinando a fuego medio hasta que el vino se reduzca a la mitad y espese.

Cocinar carne de cerdo:

Verter la reducción de vino de cebolla sobre el lomo de cerdo. Cocine la carne de cerdo a 350 grados F durante 45 minutos a 1 hora hasta que la carne de cerdo llegue a 165 grados.

Deje reposar 5 minutos antes de cortarlos.

74 TIRAS DE CERDO A LA GRILLA CON CEBOLLA Y PIMIENTA

Bifanas como Cebolada

Las bifanas son tan populares en Portugal como las hamburguesas en América. Se realiza una barbacoa en picnics, eventos deportivos y festivales. Son fáciles de preparar en casa simplemente haciéndolos a la plancha en una sartén. Se pueden servir con o sin cebolla, según sus preferencias.

Servirlos como plato principal acompañado de arroz o patatas, o como el clásico "bocadillo bifana" de tiras de cerdo sobre un pan portugués.

Para 4-6 personas

2 libras de lomo de cerdo deshuesado

1 cucharadita de sal

1 cucharada de ajo en polvo o 3 dientes de ajo triturados

1 cucharadita de pimentón

½ cucharadita de pimienta

½ taza de vino blanco

1 o 2 cucharadas de salsa piri piri (ajuste a su gusto)

Preparación

Cortar el solomillo de cerdo en rodajas de medio centímetro. Coloque las rodajas entre un envoltorio de plástico y batirlas con un mazo de carne hasta que la carne de cerdo tenga ¼ de pulgada de grosor. Este proceso hará que la carne de cerdo sea muy tierna.

Aliñar con el resto de ingredientes y dejar que la carne de cerdo se abone durante al menos media hora antes de cocinar, pero lo mejor es dejarla toda la noche en la nevera.

Cocine a una parrilla caliente al aire libre o en una sartén durante unos 3 o 4 minutos por lado o hasta que esté completamente cocido.

Encima con la receta de cebolla caramelizada.

Receta de cebollas y pimientos caramelizados:

Esta receta de cebolla es muy versátil y puede servirse con carne de cerdo, bistec o pescado.

2 cebollas medias

2 pimientos grandes

3 cucharadas de aceite de oliva

½ cucharadita de ajo en polvo

½ cucharadita de sal

½ cucharadita de pimienta

2 cucharadas de vino blanco o vinagre blanco

Preparación

Sofreír las cebollas y los pimientos con aceite de oliva hasta que estén translúcidos y ligeramente dorados.

Agregar los ingredientes restantes y dejar cocer hasta que las cebollas estén doradas. Dejar a fuego lento hasta que esté listo para verter sobre la carne de cerdo.

75LOMO DE CERDO FRITO CON CEBOLLA Y AJO

Lombo de Porco Assado

No es más fácil que utilizar sal, pimienta, pimentón, ajo y aceite de oliva para cocinar carne. Añadí cebolla para dar un sabor dulce y salado a este plato clásico de cerdo. Si hace una gran fiesta, utilice un lomo de cerdo entero y dobla los ingredientes de la receta. Servicios 6-8

1 (4) libra de lomo de cerdo deshuesado

1 cucharada de sal

6 dientes de ajo fresco (picados)

1 cucharadita de pimentón en polvo

1 cucharadita de pimienta negra

1 cebolla grande en rodajas

1 cucharada de aceite de oliva

Preparación
Condimentar la carne de cerdo con sal, ajo, pimentón y pimienta y dejar marinar en la nevera al menos 1 hora o toda la noche.

Cuando esté listo para cocinar, rige con aceite de oliva y cebolla cortada en rodajas.

Asar la carne de cerdo a 350 grados F durante aproximadamente 1 hora y 15 minutos, arrastrando en salsa de cebolla cada 20 minutos.

Cocine durante 15 minutos más.

Cuando la temperatura interna llegue a los 155 grados F, retire el asado del horno y déjelo reposar unos 20 minutos antes de cortarlo.

76 CERDO ESTILO TRASMONTANA GUISADO DE FEBITOS

Feijoada en Transmontana

Feijoada se originó en la región del norte de Portugal en torno al siglo XIV. En aquella época la carne era escasa, ya que se suministraba carne para alimentar a los soldados a la guerra. Los agricultores pobres empezaron a utilizar cada parte del cerdo como elemento básico en su dieta, junto con las judías y la col que estaban fácilmente disponibles. Generalmente, el plato se elabora con judías blancas, pero en la comarca de Tras os Montes se utilizan judías rojas.

Esta receta está adaptada de la receta de mi hermano John, que era un plato preferido en la carta del Matador. Es un atractivo perfecto para una fiesta. Va bien con el arroz, pero asegúrese de tener algo de pan crujiente para absorber la deliciosa salsa. Para 4-8 personas

2 libras de costillas de espalda para bebés

1 chorizo

1 libra de morro negro (si se desea)

1 libra (presunto, jamón de hombro ahumado o ventresca de cerdo curada cortada en tiras de 2 pulgadas)

1 col pequeña o col (picada finamente)

2 zanahorias en rodajas

1 cebolla grande picada finamente

2 dientes de ajo picados

¼ taza de aceite de oliva

2 hojas de laurel

1 cucharada de sal

1 cucharadita de pimentón dulce

1 cucharadita de comino en polvo

2 a 3 granos de 32 oz. lata de judías cocidas

½ taza de tomate triturado

2 libras de garrones o nudillos de cerdo y orejas de cerdo (si se desea)

Preparación

La noche antes de cocinar:

Salar las costillas y el vientre de cerdo. Lavar los nudillos con agua fría, salarlos y refrigerar durante la noche para absorber la sal.

El próximo día:

Cocinar los lomos de cerdo en una olla grande con agua sin sal durante al menos 1 hora y 1/2, o hasta que se corten fácilmente. Reserva 2 tazas de caldo para después.

Mientras, sofreír la cebolla, el ajo y el laurel en el aceite de oliva durante unos 5 minutos.

Agregue costillas, ventresca de cerdo y pimiento. Cocer unos 5 minutos para que no se peguen en la sartén.

Añada 2 tazas del líquido de cocción de los nudillos y deje cocer las costillas durante 20 minutos más, removiendo de vez en cuando.

Agregar el resto de la carne (chuurizo, presunto, jamón, nudillos), la col picada, las zanahorias y la salsa de tomate.

Remover suavemente y dejar cocer unos 30 minutos.

Agregar las judías (opcionalmente añadir morro) y dejar cocer 10 minutos más.

Remueva la olla suavemente para no romper las judías ni el repollo.

Servir con arroz portugués y pan crujiente.

Observación:

El plato sabe aún mejor al día siguiente, así que no se asuste si le quedan algunas.

Si observa que el estofado se ha espesado al día siguiente, basta con añadir un poco de agua hirviendo o caldo para diluir la salsa.

77 VIAJE Y PARADA DE HABA BLANCA

Dobrada

A menudo conocida como "Tripas à moda do Porto", Dobrada proviene de la ciudad de Porto. En el siglo XV, los mejores cortes de carne se enviaban desde los puertos de la ciudad a las tropas en guerra en África, dejando atrás los cortes de menor calidad. Platos como éste están hechos para utilizar esta carne. Desde entonces, este plato regional se ha hecho famoso y los habitantes de la ciudad a menudo lo llaman "tripeiros".

A lo largo de los años, he modificado esta receta familiar añadiendo chuletas de espalda, el corte de cerdo preferido de mi marido y mi hijo.

Servicios 8-10

3 latas (32 oz) de judías blancas del norte

1 libra de chuletas de cerdo (cortadas por la mitad a 3 o 4 pulgadas)

1 libra o más de tripa

1 libra de pies de cerdo (opcional)

1 chorizo grande (cortado en rodajas de ¼ de pulgada)

1 cucharada de sal

Pimienta

1 cebolla grande (picada)

¼ taza de aceite de oliva

4 dientes de ajo (pelados)

1 hoja de laurel

½ cucharadita de comino

2 zanahorias (cortadas en rodajas)

1 taza de vino blanco

1 taza de tomates triturados

1 a 2 tazas de caldo de pollo

1 cucharadita de pimentón en polvo

Perejil para adornar

Preparación

Día antes de cocinar:

Lavar los callos y los pies de cerdo. Salir los callos, los pies de cerdo y las costillas y ponerlos en la nevera toda la noche.

Cuando esté listo para preparar:

Cocer los callos y los pies de cerdo en agua hirviendo durante al menos 1,5 o 2 horas.

Cuando esté cocido, retire la carne y corte los callos en trozos pequeños de 1 o 2 pulgadas y los pies de cerdo en trozos de 2 pulgadas. Reservar y reservar 2 tazas de caldo para más tarde si fuera necesario.

Calentar el aceite de oliva en una sartén grande y gruesa. Agregar las cebollas, los ajos, las zanahorias, el laurel y el comino y dejar cocer unos 5 minutos.

Agregar las costillas y dorar a fuego medio durante unos 10 minutos. Agregar los tomates, el vino y los pimientos y dejar cocer 5 minutos.

Agregar el caldo, los callos y los pies de cerdo, el chouriço y las judías y dejar cocer a fuego lento durante unos 30 minutos, removiendo a menudo.

Pruebe y añada más condimentos si es necesario.

Decorar con perejil. Servir sobre arroz portugués con pan crujiente.

Comentarios:

Es posible que tenga que añadir un poco del caldo reservado si usted encuentra que el guiso es demasiado espeso.

Guardar en la nevera y añadir un poco de agua hirviendo si se ha hecho demasiado espesa a la hora de servir al día siguiente.

78 CERDO COCIDO CON PATATAS

Carne de Porco en Portuguesa

Esta receta está adaptada de la clásica Carne à Alentejana. No se utilizan almejas, pero el sabor es igual de intenso. Servicios 6-8

2 libras de lomo de cerdo deshuesado (cortado en dados de 2 pulgadas)

2 libras de patatas peladas (cortadas en dados de 1 pulgada)

1 cebolla pequeña picada

2 dientes de ajo picados

1 cucharadita de sal

¼ taza de aceite de oliva

1 hoja de laurel

1 taza de Vinho Verde o vino blanco

1 cucharada de pimentón ahumado

1 cubo de caldo de pollo

1 cucharada de maicena

1 taza de agua

2 cucharaditas de piri piri o una salsa caliente

Preparación

Coloque la carne de cerdo en un cuenco grande. Agregue sal, ajo, piri piri, aceite de oliva, laurel y ½ taza de vino. Removemos bien y dejamos marinar durante una hora aproximadamente. Deje reposar toda la noche si el tiempo lo permite.

Cuando esté listo para cocinar el cerdo, freír las patatas hasta que estén doradas y reservar.

Escurrir la carne de cerdo y reservar la marinada.

Caliente una sartén grande o wok a fuego alto con ½ taza de aceite de oliva. Agregar las cebollas y dejar cocer durante aproximadamente 1 minuto, después añadir la carne de cerdo. (No añada líquido todavía). Dorar la carne por todos los lados y cocer unos 5 minutos.

Agregue caldo, agua, vino, adobo y más salsa caliente si desea. Cocine unos 5 minutos más.

En un cuenco pequeño, mezclar ½ taza de agua con la maicena y remover hasta que la maizena se disuelva. Añada maicena a la carne de cerdo y deje cocer durante 5 minutos hasta que espese.

Agregar las patatas al cerdo, remover y dejar cocer a fuego lento durante unos 2 minutos.

Decore con aceitunas, cilantro y escabeche si lo desea.

79FROTGE SECO DE CERDO PORTUGUÉS

Costilla de Porco Assada

Estas costillas salen jugosas y tiernas y la carne cae del hueso. El sencillo condimento de ajo, pimentón, sal y pimienta es la combinación perfecta para mantenerlo sencillo. Servir con patatas al horno o arroz. Servicios 6-8

1 chuleta de cerdo (de 3 a 4 libras)

2 cucharaditas de sal

2 dientes de ajo (picados)

2 cucharaditas de pimentón en polvo

1 cucharadita de ajo en polvo

1 cucharadita de comino

1 cucharadita de pimienta negra

¼ taza de vino blanco

1 cucharada de piri piri o salsa tabasco (opcional)

1 cucharada de aceite de oliva

Preparación

Colocar todas las especias excepto el vino en un cuenco pequeño y mezclar bien.

Frotar las costillas con el vino blanco y el ajo y dejar reposar unos minutos. Frote la mezcla de especias y déjelo reposar al menos 2 horas, pero lo mejor es marinar durante la noche en la nevera.

Retire las costillas de la nevera 30 minutos antes de cocinarlas para llevarlas a temperatura ambiente y colóquelas en un molde.

Regar las costillas con aceite de oliva. Cocer al horno a 325 ° F durante 2 horas, o hasta que esté completamente cocida y la carne se caiga del hueso.

Observación:

También puede preparar estas costillas de repuesto en la parrilla exterior. Freír a fuego medio, girando cada 5 o 10 minutos hasta que esté dorado.

Pruebe las costillas cortando una. Si el cuchillo corta fácilmente la chuleta, ya está.

80 ESPALLETA DE CERDO ASORT CON PATATAS ARRESTIDAS

Jamón Assado con Batatas

Esta receta de hombro de cerdo es fácil de hacer un domingo perezoso para que sólo la ponga en el horno y se cocina sola. El cerdo sale húmedo y sabroso. Ya tienes suficientes restos para el día siguiente. Triture la carne de cerdo con un tenedor para hacer uno de los bocadillos preferidos de mi familia: bocadillos de cerdo tirado sobre un pan portugués crujiente.

Servicios 10-12

1 (de 6 a 8 libras) hombro fresco de cerdo

2 cucharadas de sal marina o sal kosher

1 cucharadita de pimienta recién molida

3 dientes de ajo (picados)

1 cebolla grande (picada)

3 zanahorias grandes (en cuartos)

1 hoja de laurel

6 a 8 patatas (manchadas en dados)

1 cucharada de aceite de oliva

1 cucharadita de pimentón en polvo

1 taza de vino blanco

Preparación

Deje reposar la carne de cerdo al menos 30 minutos para que llegue a temperatura ambiente antes de cocinarla.

Precaliente el horno a 400 grados F.

Lavar y secar el hombro. Coloque sobre una mesa de cortar y corte la piel, con cuidado de no cortar la carne. Condimentar la carne de cerdo con sal. Colócalos con la piel hacia arriba y ponlos en una sartén grande con aceite de oliva. Cocine sin tapar durante 30 minutos hasta que la piel empiece a crepitar y dorar.

Pasados 30 minutos, vuelva a girar el fuego a 325 grados. Tapa con una tapa o bien con papel de aluminio grueso y deja cocer durante 2 horas.

Pasadas 2 horas, sacarlo del horno y terminar la carne de cerdo con los pimientos, los ajos y las cebollas. Agregue las zanahorias a la sartén de manera uniforme alrededor de la carne de cerdo y remuévelas con los goteo de la sartén. Añadir el vino y remover.

Cubrir la carne de cerdo y cocer a 325 grados durante 1 hora más. Después de 1 hora, arrastre con una sartén que gotee.

Agregar las patatas de manera uniforme alrededor de la carne de cerdo y removerlas con goteo. Añada un poco más de vino si observa que los zumos se han secado.

Tapar y cocer durante 45 minutos más a 325 grados.

Deje reposar la carne de cerdo durante 10 minutos antes de cortarla.

81BIS Y HUEVOS EN EL ESTILO PORTUGO

Bife en el portugués

Puede encontrar este plato clásico de bistec en el menú de casi todos los restaurantes portugueses. Lo que hace que este plato sea tan sabroso es la combinación de vino tinto, ajo y aceite de oliva para crear una salsa rica que se vierte sobre el bistec y el huevo. Servicios 2

2 (8 oz) de solomillo de lomo (½ o 1 pulgada de espesor)

4 dientes de ajo (en rodajas)

Salado

Pimienta

2 huevos

1 cucharada de aceite de oliva

4 o 6 patatas pequeñas (peladas y cortadas en rodajas de ¼ de pulgada o cortes regulares)

Aceite para freír patatas

Reducción de vino:

2 cucharadas de aceite de oliva

2 cucharadas de mantequilla

½ taza de vino tinto

Preparación

Sazonar los filetes con sal y pimienta y dejarlos marinar durante la noche o al menos 1 hora.

Freír las patatas en aceite caliente, escurrirlas, salpimentarlas y mantenerlas calientes en el horno.

Cocine los filetes con el ajo en una sartén caliente con 1 cucharada de aceite de oliva durante 3 minutos por cada lado. Retirar de la cazuela y añadir los ingredientes para reducir el vino. Cocine la reducción hasta que se reduzca a la mitad.

Vuelva los filetes a la sartén a fuego lento con la reducción.

Mientras, cocine 2 huevos con el sol hacia arriba en una sartén antiadherente pequeña aparte.

Calentar un plato grande para servir en el horno. Coloque el bistec en el centro del plato, rodeado de las patatas fritas caseras. Ponga un huevo en cada filete. Verter la salsa de la sartén sobre el bistec y los huevos. Aliñar con más sal y pimienta. Decore con perejil si lo desea.

Observación:

Este plato suele servirse con arroz portugués.

82BROCHETES DE CARNE DE VEDA PICANTES DE KABOB

Espetada de Bife como Piri Piri

Estas brochetas de ternera son fáciles de hacer para un chef. La cebolla asada dulce y el pimiento rojo templan el picante del piri piri. Sirva sobre arroz para una combinación perfecta. Para 4-6 personas

2 libras de lomo o solomillo de lomo (unas 6 a 8 oz por persona)

1 cebolla grande

1 pimiento rojo o verde grande

1 cucharadita de sal

1 cucharadita de pimienta

2 dientes de ajo triturados

1 cucharadita de pimentón en polvo

1 a 2 cucharaditas de piri piri o salsa caliente

2 cucharadas de aceite de oliva

Mantequilla o margarina

Brochetas

Preparación

Observación:

Remojar las brochetas de madera en agua durante 30 minutos antes de hacer los kebabs.

Cortar el solomillo y las verduras en dados de 5 cm y aliñarlo con sal, pimienta, ajo, 1 cucharada de aceite de oliva y salsa picante.

Haga la brocheta enroscando el bistec y las verduras en rotación alterna. Tapa y deja marinar en el frigorífico durante 1 o 2 horas.

Cuando esté listo para cocinar, retire las brochetas de la nevera y deje reposar durante 10 minutos. Pintamos con el aceite de oliva restante.

Precaliente la parrilla a fuego medio y cocine las boquillas hasta que estén doradas, unos 8 a 10 minutos, dependiendo de su parrilla.

Coloque en un plato caliente. Cepillado con mantequilla y cubrir con papel de aluminio. Deje reposar de 2 a 3 minutos.

83 TORTILLA DE CHOURICO

Tortilla de Chouriço

La tortilla de chuuriços sencilla es muy popular. Es delicioso, fácil de hacer y perfecto para el desayuno, una comida rápida o incluso para cenar. El chouriço a la plancha da a los huevos un sabor dulce y picante de pimentón. Para 2-4 personas

6 huevos

½ libra de chouriço (en rodajas)

1 cebolla pequeña (picada)

1 cucharada de perejil (picado)

1 cucharada de agua

2 cucharadas de aceite de oliva

¼ taza de queso rallado

1 tomate maduro pequeño

Salado

Pimienta

1 tomate pequeño (picado) (opcional)

Preparación

En un cuenco grande, batimos los huevos con el agua y rectificamos de sal y pimienta.

Calentar el aceite en una sartén grande antiadherente a fuego medio. Agregue la cebolla y sofríela hasta que esté translúcida. Añada el chouriço y déjelo cocer a fuego medio hasta que se dore ligeramente por cada lado.

Añada con cuidado los huevos batidos de manera uniforme sobre el chouriço.

Deje que los huevos se cuecen mientras afloje suavemente los huevos cocidos de los lados con una espátula para permitir que los huevos crudos se filtren por los lados. Cuando el fondo de la tortilla esté dorado, tapar la sartén con un plato lo suficientemente grande para cubrir la sartén.

Dar la vuelta a la tortilla, con la parte cruda hacia abajo, y dejar cocer unos minutos más.

Decoramos con perejil, salpimentamos.

Servir caliente o frío.

El amor de Portugal por los postres ricos en huevos empezó hace siglos. Se cree que el gran uso de huevos en sus postres se debió al proceso de las bodegas portugueses que utilizaban claras de huevo para esclarecer los vinos. Las bodegas daban las numerosas yemas de huevo que sobraban de este proceso a los monasterios, que hacían postre para recaudar dinero para los pobres de la comunidad.

84 TARTAS DE NATILLA PORTUGUESA

Pasteis de Nata

Estas pastas son probablemente los postres favoritos y más populares. Una vez haya probado esta receta y haya experimentado lo fácil que son hacerlas en casa, nunca más las comprará en una panadería.

Antes de empezar, quiero compartir con vosotros la historia de esta famosa pastelería que se hizo por primera vez hace más de 200 años.

Las pastillas de flanes de huevo portuguesas, conocidas comúnmente como Pastéis de Belem, son famosas en muchos países del mundo. Los Pastéis de Belem originales se hicieron por primera vez en el monasterio de los Jerónimos de Belem, Lisboa en el año 1837.

Casa Pasteis de Belem se encuentra en la ciudad de Belem en Lisboa, Portugal. El nombre oficial de la ciudad es "Santa Maria de Belem", pero se llama "Belén". El nombre "Belén" proviene de la palabra portuguesa por "Belén".

Muchas panaderías han intentado replicar la receta sin éxito. Los igualmente famosos; "Pasteis de Nata", su versión copiada, se ha convertido en un famoso sustituto del original en todas las panaderías portuguesas de Portugal y otros muchos países del mundo.

El nombre de la pastelería fue marca registrada en 1911, es decir, la empresa es la única autorizada para nombrar a los famosos dulces con este nombre.

Le recomiendo probar esta receta unas cuantas veces para acostumbrarse a la temperatura de su horno y al tiempo de cocción.

Hace unos 20

1 libra de hojaldre descongelada (su panadería local la puede vender o encontrarla en la sección de congeladores de su tienda de comestibles)

2 tazas de leche entera (debe ser leche entera, no baja en grasa o baja en grasa)

1 taza y ½ de azúcar

½ taza de harina

1 taza de agua

2 rodajas de ralladura de limón

1 rama de canela

7 yemas de huevo extra grandes (temperatura ambiente)

Canela para adornar

Preparación

Prepare moldes y masa de magdalenas:

Untar bien los moldes de magdalenas con margarina. Las latas deben ser de aluminio o inoxidable. No utilice moldes de horno con recubrimiento antiadherente. También puede utilizar moldes de horno pequeñas. La masa de hojaldre debe estar descongelada pero bien fría. No utilice demasiado caliente.

Coloque su masa de pastelería en la mesa de cortar y estire a 1/8 de pulgada de espesor. Recorta círculos de diámetro para adaptarse a la parte inferior de los moldes de magdalenas ya los lados.

Forme la masa en cáscaras en latas. Creo que es más fácil cortar la forma redonda en lugar de moldearla por separado.

Si observa que la masa se calienta demasiado, póngala en la nevera unos minutos para que se enfríe

Prepare jarabe de azúcar:

En una cazuela pequeña, calentar el agua y el azúcar a fuego medio y remover bien. Lleve el agua con azúcar a ebullición y deje hervir 3 minutos más. Retirar del fuego, dejar enfriar.

Instrucciones para rellenar la crema:

Coloque ¾ de taza de leche en un cuenco grande. Agregue la harina y bata hasta que esté suave. Dejar a un lado.

Mientras, calentar la leche restante con la ralladura de limón y la rama de canela. Cuando la leche llegue al punto de ebullición, añadir la mezcla de leche y harina y seguir batiendo bien hasta que vuelva a hervir. Dejar a un lado.

Deje que la mezcla de leche y harina se enfríe completamente en el refrigerador durante 10 minutos.

Agregue el almíbar de azúcar en una gota muy fina a la mezcla de leche mientras bate hasta que la mezcla sea cremosa y lisa.

Verter la crema por un colador fino para coger los grumos.

Colar las yemas de huevo a través de un colador de metal fino. Añada las yemas a la leche fría y bata bien hasta que quede homogéneo y cremoso.

Verter la mezcla de huevo en las sartenes o ramequines forrados de masa hasta que estén aproximadamente ¾ de pulgada.

Cocinar:

Cocer en un horno precalentado a 485 grados F durante 20 a 25 minutos hasta que la crema hierva y se vuelva dorada.

Compruebe sus pasteles después de 15 minutos y cada pocos minutos para asegurarse de que no se quemen. Deje enfriar las tartas durante unos 10 o 15 minutos.

Espolvorear con canela antes de servir, si lo desea.

Observación:

Las tartas de Ramekins pueden tardar más en cocinarse.

Dependiendo de su horno, es posible que no tenga un color quemado en la crema, por lo que tendrá que cocinar más tiempo.

85COLA DE ESPONJA PORTUGUESA

Pao de Lo

Esta tarta ligera y aireada es la tarta más famosa y preferida de nuestra cocina. Esta tarta es prácticamente libre de grasa, ya que no se utiliza aceite, mantequilla o grasa en la receta.

La tarta tuvo un gran éxito en Navidad hace unos años cuando les regalé caseros junto con la tarjeta de recetas y la sartén Bundt para cocinarlo. Para 1 tarta - Para 10-12 personas

10 huevos jumbo (temperatura ambiente)

1 taza y ½ de azúcar

2 tazas de harina tamizada

¼ cucharadita de sal

1 cucharadita de levadura en polvo

1 cucharadita de ralladura rayada (opcional)

Observación:

Utilicé una poinsettia de seda. No utilice poinsetties reales, son venenosos.

Los huevos deben estar a temperatura ambiente. Coloque los huevos fríos en un cuenco con agua tibia durante unos 15 minutos antes de preparar la receta.

Las sartenes de aluminio funcionan mejor para hornear.

Utilice una sartén Bundt grande de 12 tazas.

Preparación

Batir los huevos en un cuenco grande hasta que estén espumosos. Agregue el azúcar y bata durante al menos 20 minutos hasta que la masa quede bien espesa. En este punto, añada limón si lo desea.

Observación: Bata durante sólo 10 minutos si utiliza una batidora Kitchenaid hasta que se formen picos rígidos.

Mientras se baten los huevos, tamice la harina, la sal y la levadura en un cuenco pequeño.

Añada la mezcla de harina ¼ de taza a la vez a velocidad muy baja o dóbítela con una espátula. Este proceso sólo tarda entre 3 y 5 minutos.

Untar y espolvorear un molde grande con harina y cubrir el borde superior con papel de horno. Verter con cuidado la masa en la cazuela, teniendo cuidado de que no se agote la masa.

Cocine a 350 grados F durante 45 minutos o hasta que un palillo salga limpio.

Deje enfriar la tarta unos 10 minutos antes de sacarlo del molde.

Retire el papel de horno y colóquelo en un plato de servir.

86 ARROZ DULCE DE LIMÓN

Arroz Doce

La canela fue descubierta a principios de 1500 por comerciantes portugueses en Ceilán conocido como; el actual Sri Lanka. Hoy en día, la especie se utiliza en muchos de los postres ricos en huevos de Portugal, así como en platos salados. Este arroz con leche está hecho con leche, canela y ralladura de limón.

Servicios 8-10

3 tazas de leche entera (escaldado)

3 yemas de huevo

1 taza de arroz (preferiblemente grano corto)

2 tazas de agua

½ cucharadita de sal

1 o 2 rodajas de ralladura de limón

1 taza de azúcar granulado

½ rama de canela

Canela en polvo

Preparación

En una cazuela grande y pesada, poner a hervir el agua, la rama de canela, la sal y la ralladura de limón. Agregar el arroz, llevar a ebullición y cocer a fuego medio hasta que se haya evaporado toda el agua.

Agregar la leche caliente y dejar cocer a fuego lento durante al menos 25 minutos, removiendo de vez en cuando.

Agregar el azúcar, remover y dejar cocer 5 minutos más y retirar la cazuela del fuego.

Mientras tanto, batimos las yemas de huevo. Temple los huevos añadiendo unas cucharadas de la mezcla de arroz a los huevos y mézclalo bien.

Agregar los huevos al arroz y remover bien en la sartén.

Observación:

Asegúrese de que el arroz no hierva, pero deje cocer los huevos en el arroz caliente durante aproximadamente 1 minuto.

Retirar del fuego. Retire la ralladura de limón y la rama de canela.

Verter en un cuenco plano y decorar con canela en polvo.

87 ÁNGEL SU POSTRES DE PASTA

Aletría

Sirve en Navidad y ocasiones especiales, este postre de fideos de huevo se elabora con los mismos ingredientes básicos que el siempre popular Arroz Doce, arroz con leche. Servicios 8-10

7 tazas de leche entera

6 huevos

1 taza y ½ de azúcar

1 cucharadita de sal

1 rama de canela

2 rodajas de ralladura de limón

1 paquete (12 oz.) de fideos de huevo muy finos

Preparación

Verter la leche, el azúcar, la sal y la rama de canela en una cazuela grande y dejar hervir, removiendo constantemente.

Mientras, batir los huevos en un cuenco pequeño y mezclar lentamente un poco de leche calentada con los huevos y remover. Dejar a un lado.

Rompa los fideos y añádelos a la leche hirviendo. Remover constantemente hasta que los fideos estén cocidos y retirar del fuego.

Añada lentamente la mezcla de huevo a los fideos cocidos y remueva.

Retire la ralladura de limón y la rama de canela.

Verter la mezcla en un cuenco grande y dejar enfriar completamente.

Espolvorear o decorar con canela y servir.

88 MASA FRIDA CON AZÚCAR Y CANELA

filhose

Los filhosas se elaboran estirando la masa en trozos y después fríéndola en aceite caliente. Muchas familias tienen sus propias recetas y siguen las tradiciones de elaboración de este postre con cada generación. La pastelería es muy popular en días festivos como Pascua, Navidad, Año Nuevo y muchas celebraciones. Hace unas 3 docenas

9 tazas de harina para todo uso

1 taza de azúcar

1 y ½ cucharadita de sal

6 huevos

1 palo de margarina (8 cucharadas)

1 cucharadita de ralladura de limón o naranja

2 tazas de leche entera

¼ taza de zumo de naranja fresco

Aceite para freír (aceite de maíz o aceite vegetal funciona mejor)

Ingredientes para realizar la levadura inicial:

3 cucharadas de harina

½ cucharadita de azúcar

2 paquetes de levadura seca

½ taza de agua tibia

Preparación

Primer paso:

Mezclar los ingredientes con la levadura inicial y reservar hasta que se formen burbujas.

Segundo paso:

Poner la leche y la mantequilla en una cazuela a fuego lento hasta que la mantequilla se derrita.

En un cuenco grande, combine los huevos, la sal, el azúcar, la ralladura de limón y el zumo de naranja. Batir con una batidora eléctrica durante 2 minutos.

Agregar la leche y la mantequilla y mezclar durante 30 segundos. Agregue la mezcla de levadura y la harina y amase bien hasta que la masa sea elástica y lisa.

Tapa y deja reposar 30 minutos. Pinchar la masa, tapar y dejar subir hasta que doble.

Calentar el aceite en una freidora a 375 grados.

Tire de trozos de masa en tiras finas del tamaño deseado de unos 3 por 4 pulgadas.

Freír hasta que esté dorado. Escurrir sobre papel de cocina. Espolvoreamos con azúcar granulado

www.ingramcontent.com/pod-product-compliance
Lightning Source LLC
Chambersburg PA
CBHW071826110526
44591CB00011B/1231